文部科学省後援

実用フランス語技能検定試験

2020 年度版

１級・準１級

仏検公式ガイドブック

傾向と対策＋実施問題

フランス語教育振興協会編

公益財団法人フランス語教育振興協会

音声アプリのご利用方法

付属 CD と同じ内容の音声がアプリでお聞きいただけます。

▼

①

パソコン・スマートフォンの QR コード読み取りアプリから下記 URL にアクセスするか、ブラウザから下記 URL を入力し、アクセスします。

https://audiobook.jp/exchange/surugadai

※上記以外の URL からアクセスされますと、音声をご利用いただけません。

▼

②

表示されたページから、audiobook.jp への会員登録ページに進みます。

※音声のダウンロードには、audiobook.jp への会員登録（無料）が必要です。

▼

③

登録後、①のページに再度アクセスし、シリアルコードの入力欄に

90291

を入力して「送信」をクリックします。

▼

④

「ライブラリに追加」のボタンをクリックします。

▼

⑤

スマートフォンの場合はアプリ「audiobook.jp」をインストールしてご利用ください。
パソコンの場合は、「ライブラリ」から音声ファイルをダウンロードしてご利用ください。

ご注意

- ダウンロードには、audiobook.jp への会員登録（無料）が必要です。
- PC からでも、iPhone や Android のスマートフォンからでも音声を再生いただけます。
- 音声は何度でもダウンロード・再生いただくことができます。
- 上記以外の URL からアクセスされますと、音声をご利用いただけません。
URL の入力間違いにご注意ください。
- 当音声ファイルのデータにかかる著作権・その他の権利は公益財団法人フランス語教育振興協会（駿河台出版社）に帰属します。無断での複製・公衆送信・転載は禁止されています。

ダウンロードについてのお問い合わせ：info@febe.jp（受付時間：平日の 10〜20 時）

まえがき

21 世紀はグローバル化の時代といわれます。そうであれば今こそ、いっそう多くの日本人が、世界から孤立せず、世界と対話し、平和で豊かな未来を切り拓くためには、さまざまな外国語をマスターしていくべきではないでしょうか。現代は、一言語一文化中心の時代でなく、多言語・多文化の世界でお互いを尊重しながら共生を目指すことが要請されているのですから、英語一辺倒の方針では限界があるのは明らかでしょう。

多言語の中でもとりわけフランス語は、フランスだけでなく、多数の国々や地域で話され、また、国連をはじめとする国際機関で使われている重要な公用語のひとつです。さらに、フランス語は、人類にとって普遍的な価値や独創的な文化を担ってきた言語でもあります。2020 年には東京で、2024 年にはパリで、オリンピック・パラリンピックが開催されますが、第一公用語はフランス語なのです。開会式では、開催国の言語のほかフランス語と英語で出場国が紹介されますが、その際最初に流れるのはフランス語です。また東京オリンピック・パラリンピックには、フランス語圏から多くの選手や関係者それに観光客が訪れます。これを機会にフランス語を勉強し、フランス語でコミュニケーションを試みてはいかがでしょうか。かならずや多くの貴重な体験が得られるはずです。

ビジネスの世界では、フランスの企業が次々に日本に進出してくる一方、日本の企業もフランス語圏に広く展開しています。トヨタ、ユニクロ、無印良品のフランス進出、日産とルノーの提携などはその典型的な例です。いまや英語ができてあたりまえとされるビジネスの世界にあっても、さらにフランス語も使いこなせるとなれば、チャンスがさらに広がることはまちがいないでしょう。他方、フランス語をマスターしてアフリカ諸国で国際協力、援助活動に従事している人も少なくありません。このようにフランス語を学び使いこなせるようになることは、自分の人生をより豊かに生きる道につながっています。

日本の学習者を対象とし、文部科学省とフランス大使館文化部の後援を受けて、1981 年以来実施されている「仏検」は、フフンス語を聞き・話し・読み・書く能力をバランスよく客観的に評価する検定試験として、ますます高い評価を受けています。1級・準1級・2級・準2級・3級・4級・5級の7段階を合わせて毎年3万人弱が受験しています。また、大学の単位認定や編入学試験、大学院入試等に利用されるケースも多くなっています（多数の学生が受験している学校のリストが巻末にありますので、ご参照ください）。

なお、『仏検公式ガイドブック』は2020年度版から装いを新たにし、本書では1級・準1級の「傾向と対策」および2019年度の実施問題の解説・解答を掲載しています（書き取り・聞き取り試験のCDが付いています）。

本書の執筆分担は以下のとおりです（* は各級の監修者）。

1級：倉方健作・荒木善太 *
準1級：池田　潤・井上櫻子 *

また、本書の別冊として、これまでの実施問題を精選して詳細な解説を施した『セレクション』が級毎に刊行されます。フランス語の実力アップと仏検合格のために、2つの公式ガイドブックをどうぞご活用ください。

2020年3月

公益財団法人　フランス語教育振興協会

目　次

実用フランス語技能検定試験　実施要領

実用フランス語技能検定試験（仏検）は、年 2 回、春季（1 次試験 6 月・2 次試験 7 月）と秋季（1 次試験 11 月・2 次試験 1 月）に実施しております。ただし、1 級は春季のみ、準 1 級は秋季のみの実施です。

2 次試験は 1 級・準 1 級・2 級・準 2 級の 1 次試験合格者が対象です。なお、隣り合う 2 つの級まで併願が可能です。

また、出願の受付期間は、通常、春季は 4 月から 5 月中旬、秋季は 9 月から 10 月中旬です。

◆ 各級の内容

1 級（春季のみ）	《1 次》	筆記試験（記述式・客観形式併用）	120 分
		書き取り・聞き取り試験	約 40 分
	《2 次》	面接試験	約 9 分
準 1 級（秋季のみ）	《1 次》	筆記試験（記述式・客観形式併用）	100 分
		書き取り・聞き取り試験	約 35 分
	《2 次》	面接試験	約 7 分
2 級	《1 次》	筆記試験（記述式・客観形式併用）	90 分
		書き取り・聞き取り試験	約 35 分
	《2 次》	面接試験	約 5 分
準 2 級	《1 次》	筆記試験（記述式・客観形式併用）	75 分
		書き取り・聞き取り試験	約 25 分
	《2 次》	面接試験	約 5 分
3 級		筆記試験（客観形式・記述式）	60 分
		聞き取り試験	約 15 分
4 級		筆記試験（客観形式）	45 分
		聞き取り試験	約 15 分
5 級		筆記試験（客観形式）	30 分
		聞き取り試験	約 15 分

◆ 受験地（2019 年度秋季）

1 次試験　札幌、弘前、盛岡、仙台、秋田、福島、水戸、宇都宮、群馬、草加、千葉、東京、横浜、新潟、富山、金沢、甲府、松本、岐阜、静岡、三島、名古屋、京都、大阪、西宮、奈良、松江、岡山、広島、高松、松山、福岡、長崎、熊本、別府、宮崎、薩摩川内、宜野湾、パリ

2 次試験　札幌、盛岡、仙台、群馬、東京、新潟、金沢、静岡、名古屋、京都、大阪、松江、岡山、広島、高松、福岡、長崎、熊本、宜野湾、パリ

＊上記の受験地は、季ごとに変更となる可能性があります。また、会場によって実施される級がことなる場合がありますので、くわしくは、最新の仏検受験要項・願書または APEF のホームページをご覧ください。

＊最終的な受験地・試験会場の詳細は、受験票の記載をご確認ください。

◆ 出願方法　下記の 2 つの方法からお選びください

1. **インターネット申込**：詳細は APEF のホームページをご覧ください。
2. **郵送申込**：受験要項・願書を入手→検定料納入→願書提出、の順でお手続きください。

＊全国の仏検特約書店・大学生協では願書・要項を配布、あわせて検定料の納入を受け付けております。

＊願書・要項は仏検事務局へ電話・E-mail 等で請求なさるか、APEF ホームページよりダウンロードして入手なさってください。

◆ 合否の判定とその通知

級によりことなりますが、60～70％の得点率を目安に出題するように努めています。各級の合格基準は、審査委員会がさまざまな条件を総合的に判断して決定しています。

結果通知には合否のほか、合格基準点、合格率とご本人の得点が記載されます。

◆ お問い合わせ先

公益財団法人　フランス語教育振興協会（APEF）　仏検事務局

〒 102-0073　東京都千代田区九段北 181　九段 101 ビル
TEL:　03-3230-1603　　FAX:　03-3239-3157
E-mail: dapf@apefdapf.org
URL:　http://www.apefdapf.org

2019年度仏検受験状況

級（季）	出願者数	1次試験			1次試験免除者数	2次試験		
		受験者数	合格者数	合格率		受験者数	合格者数	最終合格率
1級	638名	528名	68名	12.9%	12名	77名	61名	11.4%
準1級	1,209名	1,083名	259名	23.9%	30名	272名	214名	19.5%
2級（春）	1,446名	1,154名	426名	36.9%	66名	462名	370名	31.1%
（秋）	1,618名	1,414名	533名	37.7%	56名	563名	467名	32.3%
準2級（春）	1,503名	1,288名	800名	62.1%	44名	807名	661名	51.0%
（秋）	1,721名	1,447名	866名	59.8%	115名	948名	809名	52.9%
3級（春）	2,770名	2,196名	1,120名	51.0%				
（秋）	3,399名	2,999名	1,683名	56.1%				
4級（春）	2,017名	1,786名	1,453名	81.4%				
（秋）	3,235名	2,925名	2,192名	74.9%				
5級（春）	1,626名	1,463名	1,224名	83.7%				
（秋）	2,470名	2,284名	2,027名	88.7%				

＊1級は春季のみ、準1級は秋季のみ

1級

1級の内容と程度

●程 度

「読む」「書く」「聞く」「話す」という能力を高度にバランスよく身につけ、フランス語を実地に役立てる職業で即戦力となる。ヨーロッパ言語共通参照枠（CEFR）のC1/C2にほぼ対応しています。

標準学習時間：600時間以上

●試験内容

読　む	現代フランスにおける政治・経済・社会・文化の幅広い領域にわたり、新聞や雑誌の記事など、専門的かつ高度な内容の文章を、限られた時間のなかで正確に読み取ることができる。
書　く	あたえられた日本語をフランス語としてふさわしい文に翻訳できる。その際、時事的な用語や固有名詞についての常識も前提となる。
聞　く	ラジオやテレビのニュースの内容を正確に把握できる。広く社会生活に必要なフランス語を聞き取る高度な能力が要求される。
話　す	現代社会のさまざまな問題について、自分の意見を論理的に述べ、相手と高度な議論が展開できる。
文法知識	文の書きかえ、多義語の問題、前置詞、動詞の選択・活用などについて、きわめて高度な文法知識が要求される。

語彙：制限なし

●試験形式

1次試験（150点）

筆　記	問題数9問、配点100点。試験時間120分。記述式、一部マークシート方式。
書き取り	問題数1問、配点20点。試験時間（下記聞き取りと合わせて）約40分。
聞き取り	問題数2問、配点30点。語記入、マークシート方式。

2次試験（50点）

個人面接試験	あたえられたテーマのなかから1つを選び、論述と質疑応答をおこなう。 試験時間約9分。

1 級の傾向と対策

「1 級の内容と程度」（p.11）にも示すように、仏検 1 級は、合格者のフランス語運用能力が、「フランス語を実地に役立てる職業で即戦力となる」レベルにあることを認定するもので、実際に 2013 年度から、1 級合格者に対して、通訳案内士外国語筆記試験が免除されています。

標準学習時間は「600 時間以上」とされていますが、この数字はあくまで目安にすぎず、1 級の試験では、受験者が、どこまでフランス語という言語で考え、また表現することにこだわりをもっているか、という点が如実にためされることになります。たとえば文章の読解にしても、1 級の試験が前提にしているのは、フランス語を日本語に置きかえるのではなく、フランス語をフランス語のまま理解し、場合によっては文章の行間にも目を向けて言外のニュアンスを汲み取るということですから、付け焼き刃の知識では歯が立たないことは言うまでもありません。とはいえ、試験である以上、出題には一定の傾向があり、とりわけ 1 次試験の場合、過去の問題にあたって出題の要点をおさえておくことは有効な対策になるはずです。

1 級の 1 次試験（150 点満点）は、

筆記試験 [1] ～ [9]（100 点満点）
書き取り（20 点満点）
聞き取り [1]、[2]（30 点満点）

の 12 の大問から構成されています。

このうち筆記 [1]（名詞化）および [9]（和文仏訳）では**文または文章の構成力**が、筆記 [2]（多義語）、[3]（前置詞）および [4]（時事用語・常用語）では主として**語彙の知識**が問われることになりますが、筆記 [5]（動詞活用）、[6]（長文完成）、[7]（内容一致）、[8]（日本語要約）および書き取り、聞き取り [1]、[2] では、問題の形式はそれぞれことなるものの、いずれも**長文の内容の把握**が解答の前提になります。見方を変えて言えば、1 級の試験では、ほとんどの設問で**文脈の理解**と内容の**パラフレーズ**のいずれか —— またはその双方 —— が問題になるということです。以下、この点を念頭に置いたうえで、2019 年度の「問題と解説」を熟読し、それぞれの問題の解法の要点をおさえるようにしてください。また、1 次試験の各問については、本書の別冊である『仏検公式ガイドブック 1 級セレクション』にくわしい分析と解説がありますので、ぜひこちらも参照してください。

なお、1 級 1 次試験の合格基準点は、例年、85～90 点前後（得点率 56～60％程度）で推移しており、およそ 6 割の得点率が 1 次試験突破の目安と言ってよいでしょう。

解答用紙（雛型）（67%縮小）

表面

2019年度　春季　実用フランス語技能検定試験（1級）筆記試験　解答用紙

会　場　名

氏　名

会場コード					
⓪	⓪	⓪	⓪	⓪	⓪
①	①	①	①	①	①
②	②	②	②	②	②
③	③	③	③	③	③
④	④	④	④	④	④
⑤	⑤	⑤	⑤	⑤	⑤
⑥	⑥	⑥	⑥	⑥	⑥
⑦	⑦	⑦	⑦	⑦	⑦
⑧	⑧	⑧	⑧	⑧	⑧
⑨	⑨	⑨	⑨	⑨	⑨

受験番号							
⓪	⓪	⓪	⓪	⓪	⓪	⓪	⓪
①	①	①	①	①	①	①	①
②	②	②	②	②	②	②	②
③	③	③	③	③	③	③	③
④	④	④	④	④	④	④	④
⑤	⑤	⑤	⑤	⑤	⑤	⑤	⑤
⑥	⑥	⑥	⑥	⑥	⑥	⑥	⑥
⑦	⑦	⑦	⑦	⑦	⑦	⑦	⑦
⑧	⑧	⑧	⑧	⑧	⑧	⑧	⑧
⑨	⑨	⑨	⑨	⑨	⑨	⑨	⑨

記入およびマークについての注意事項

1. 解答にはかならずHBまたはBの黒鉛筆（シャープペンシルも可）を使用してください。ボールペンや万年筆等でマークした解答は機械による読み取りの対象とならないため、採点されません。
2. 記入は**太線の枠内**に、マークは◯の中を**正確に塗りつぶしてください**（下記マーク例参照）。
採点欄は塗りつぶさないでください。
3. 訂正の場合は、プラスチック製消しゴムできれいに消してください。
4. **解答用紙を折り曲げたり、破ったり、汚したりしないでください。**

マーク例

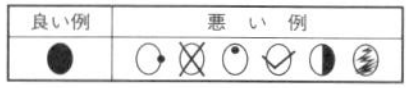

1

解答番号	解　答　欄	採点欄
(1)		⓪ ① ② ③
(2)		⓪ ① ② ③
(3)		⓪ ① ② ③
(4)		⓪ ① ② ③

2

解答番号	解　答　欄	採点欄
(1)		② ⓪
(2)		② ⓪
(3)		② ⓪
(4)		② ⓪

3

解答番号	解　答　欄
(1)	① ② ③ ④ ⑤ ⑥ ⑦ ⑧
(2)	① ② ③ ④ ⑤ ⑥ ⑦ ⑧
(3)	① ② ③ ④ ⑤ ⑥ ⑦ ⑧
(4)	① ② ③ ④ ⑤ ⑥ ⑦ ⑧

4

解答番号	解　答　欄	採点欄
(1)		① ⓪
(2)		① ⓪
(3)		① ⓪
(4)		① ⓪
(5)		① ⓪

5

解答番号	解　答　欄	採点欄
(1)		② ⓪
(2)		② ⓪
(3)		② ⓪
(4)		② ⓪
(5)		② ⓪

6

解答番号	解　答　欄
(1)	① ② ③ ④ ⑤ ⑥ ⑦ ⑧
(2)	① ② ③ ④ ⑤ ⑥ ⑦ ⑧
(3)	① ② ③ ④ ⑤ ⑥ ⑦ ⑧
(4)	① ② ③ ④ ⑤ ⑥ ⑦ ⑧
(5)	① ② ③ ④ ⑤ ⑥ ⑦ ⑧

7

解答番号	解答欄
(1)	① ②
(2)	① ②
(3)	① ②
(4)	① ②
(5)	① ②
(6)	① ②

8

解答番号	採　点　欄
(1)	⓪ ① ② ③ ④ ⑤ ⑥ ⑦
(2)	⓪ ① ② ③ ④ ⑤ ⑥ ⑦ ⑧

9

採　点　欄
⓪ ① ② ③ ④ ⑤ ⑥ ⑦ ⑧ ⑨
⑩ ⑪ ⑫ ⑬ ⑭ ⑮ ⑯ ⑰ ⑱ ⑲ ⑳

8 9 の解答欄は裏面にあります。

裏面

8

(1)

(2)

9

表面

2019年度　春季　実用フランス語技能検定試験（1級）書き取り／聞き取り　試験　解答用紙

会　場　名

氏　名

会場コード					
⓪	⓪	⓪	⓪	⓪	⓪
①	①	①	①	①	①
②	②	②	②	②	②
③	③	③	③	③	③
④	④	④	④	④	④
⑤	⑤	⑤	⑤	⑤	⑤
⑥	⑥	⑥	⑥	⑥	⑥
⑦	⑦	⑦	⑦	⑦	⑦
⑧	⑧	⑧	⑧	⑧	⑧
⑨	⑨	⑨	⑨	⑨	⑨

受験番号							
⓪	⓪	⓪	⓪	⓪	⓪	⓪	⓪
①	①	①	①	①	①	①	①
②	②	②	②	②	②	②	②
③	③	③	③	③	③	③	③
④	④	④	④	④	④	④	④
⑤	⑤	⑤	⑤	⑤	⑤	⑤	⑤
⑥	⑥	⑥	⑥	⑥	⑥	⑥	⑥
⑦	⑦	⑦	⑦	⑦	⑦	⑦	⑦
⑧	⑧	⑧	⑧	⑧	⑧	⑧	⑧
⑨	⑨	⑨	⑨	⑨	⑨	⑨	⑨

記入およびマークについての注意事項

1. 解答にはかならずHBまたはBの黒鉛筆（シャープペンシルも可）を使用してください。ボールペンや万年筆等でマークした解答は機械による読み取りの対象とならないため、採点されません。
2. 記入は**太線の枠内**に、マークは◯の中を**正確に塗りつぶしてください**（下記マーク例参照）。
   採点欄は塗りつぶさないでください。
3. 訂正の場合は、プラスチック製消しゴムできれいに消してください。
4. **解答用紙を折り曲げたり、破ったり、汚したりしないでください。**

マーク例

良い例	悪い例

書き取り試験注意事項　（書き取り試験解答欄は裏面にあります。）

フランス語の文章を、次の要領で３回読みます。全文を書き取ってください。

- １回目は、ふつうの速さで全文を読みます。内容をよく理解するようにしてください。
- ２回目は、ポーズをおきますから、その間に書き取ってください（句読点も読みます）。
- 最後に、もう１回ふつうの速さで全文を読みます。
- 読み終わってから３分後に、聞き取り試験にうつります。
- 数を書く場合は、算用数字で書いてかまいません。（配点　20）

書き取り試験

採　点　欄										
⓪	①	②	③	④	⑤	⑥	⑦	⑧	⑨	
⑩	⑪	⑫	⑬	⑭	⑮	⑯	⑰	⑱	⑲	⑳

聞き取り試験

1

解答番号	解　答　欄	採点欄
(1)		② ⓪
		② ⓪
(2)		② ⓪
		② ⓪

解答番号	解　答　欄	採点欄
(3)		② ⓪
		② ⓪
(4)		② ⓪
		② ⓪
(5)		② ⓪
		② ⓪

2

解答番号	解　答　欄	解答番号	解　答　欄
(1)	① ②	(6)	① ②
(2)	① ②	(7)	① ②
(3)	① ②	(8)	① ②
(4)	① ②	(9)	① ②
(5)	① ②	(10)	① ②

裏面

1級書き取り試験　解答欄

2019年度春季
実用フランス語技能検定試験
筆記試験問題冊子　〈 1 級 〉

問題冊子は試験開始の合図があるまで開いてはいけません。

筆　記　試　験		14時00分 ～ 16時00分 (休憩20分)
書き取り 聞き取り	試験	16時20分から約40分間

◇**筆記試験と書き取り・聞き取り試験の双方を受験しないと欠席になります。**

◇問題冊子は表紙を含め12ページ、全部で9問題です。

注　意　事　項

1　途中退出はいっさい認めません。

2　筆記用具は**HBまたはBの黒鉛筆**(シャープペンシルも可)を用いてください。ボールペンや万年筆等でマークした解答は機械による読み取りの対象とならないため、採点されません。

3　解答用紙の所定欄に、**受験番号**と**カナ氏名**が印刷されていますから、まちがいがないか、**確認**してください。

4　**マーク式の解答は、解答用紙の解答欄にマークしてください。**たとえば、3の(1)に対して③と解答する場合は、次の例のように解答欄の③にマークしてください。

例　**3**

解答番号	解　答　欄
(1)	① ② ● ④ ⑤ ⑥ ⑦ ⑧ ⑨ ⓪

5　記述式の解答の場合、正しく判読できない文字で書かれたものは採点の対象となりません。

6　解答に関係のないことを書いた答案は無効にすることがあります。

7　解答用紙を折り曲げたり、破ったり、汚したりしないように注意してください。

8　問題内容に関する質問はいっさい受けつけません。

9　不正行為者はただちに退場、それ以降および来季以後の受験資格を失うことになります。

10　**携帯電話等の電子機器の電源はかならず切って、かばん等にしまってください。**

11　**時計のアラームは使用しないでください。**

12　この試験問題の複製(コピー)を禁じます。また、この試験問題の一部または全部を当協会の許可なく他に伝えたり、漏えいしたりすることを禁じます(インターネットや携帯サイト等に掲載することも含みます)。

1　例にならい、次の (1) ～ (4) のイタリック体の部分を名詞を使った表現に変え、全文をほぼ同じ内容の文に書きあらためて、解答欄に書いてください。(配点　12)

(例) : Pourquoi *a*-t-on *renvoyé* Jacques ?

→ (解答) : Quelles sont les raisons du renvoi de Jacques ?

(1) Il est clair que ses efforts sont *vains*.

(2) L'enfant *a été sauvé* par les pompiers.

(3) Les fleuves grossissent après que la neige *fond*.

(4) Michelle est restée *calme* pendant la discussion.

(解説・解答 ▶ p.38)

2

次の (1) ～ (4) について、**A**、**B** の (　　) 内には同じつづりの語が入ります。(　　) 内に入れるのにもっとも適切な語 (各 1 語) を、解答欄に書いてください。(配点　8)

(1) **A** Il faut (　　) un timbre sur l'enveloppe.
B Malheureusement, il s'est fait (　　) au concours.

(2) **A** La nouvelle direction s'apprête à (　　) une orientation différente à l'entreprise.
B Suivez les instructions ci-dessous pour (　　) en recto verso.

(3) **A** La route est (　　) de sept mètres environ.
B Tu laisses un si gros pourboire ? Tu es très (　　) avec cette serveuse !

(4) **A** Tous les enfants bénéficient d'une (　　) sociale.
B Une célèbre actrice italienne fait la (　　) du dernier numéro de ce magazine.

(解説・解答 ▶ p.40)

3

次の (1) ～ (4) の（　）内に入れるのにもっとも適切なものを、下の ① ～ ⑧ のなかから１つずつ選び、解答欄のその番号にマークしてください。ただし、同じものを複数回用いることはできません。(配点　8)

(1) Ceux qui paient les conséquences de la crise n'y sont souvent (　) rien.

(2) Le temps est (　) la pluie.

(3) Ma fille compte encore (　) ses doigts.

(4) Pourquoi s'est-il conduit (　) la sorte ?

① à　② contre　③ dans　④ de

⑤ depuis　⑥ entre　⑦ pour　⑧ sur

(解説・解答 ▶ p.42)

4

次の日本語の表現 (1) ～ (5) に対応するフランス語の表現は何ですか。（　）内に入れるのにもっとも適切な語 (各１語) を、解答欄に書いてください。(配点　5)

(1) 緩衝国	un État (　)
(2) 先物取引	une opération à (　)
(3) 二卵性双生児	des (　) jumeaux
(4) むらのある成績	des résultats en dents de (　)
(5) メインディッシュ	le plat de (　)

(解説・解答 ▶ p.43)

5 次の文章を読み、(1)～(5)に入れるのにもっとも適切なものを、下の語群から1つずつ選び、必要な形にして解答欄に書いてください。ただし、同じものを複数回用いることはできません。(配点 10)

Les travailleurs d'un chantier se sont donné des vacances imprévues. Sous un village palestinien près d'Hébron, des dizaines de tombes (1) de l'époque romaine ont été découvertes, a annoncé un responsable du chantier. Il a expliqué qu'on (2) au jour le cimetière lors de travaux sur une route de la zone.

Nabil Jabra, directeur du département du Tourisme et des antiquités d'Hébron, exhibe des morceaux d'os et de poterie retrouvés sur le site. Les ossements d'une centaine de personnes, près de 500 poteries et 32 tombes en pierre ont été trouvés. « Les archéologues estiment cependant possible que des voleurs (3) certains objets avant la découverte officielle du site », a déclaré le directeur. Le cimetière est vaste et les tombes (4) sur une cinquantaine de mètres. « Il est très important pour nous de les étudier et de les conserver », a continué Nabil Jabra. « On espère faire du site une attraction touristique », a-t-il ajouté, tout en assurant que les études (5) pour préciser l'importance historique de cette découverte.

compter	dater	emporter	mettre
remonter	répartir	s'épargner	se poursuivre

(解説・解答 ▶ p.45)

6　次の文章を読み、(1) ～ (5) に入れるのにもっとも適切なものを、右のページの ① ～ ⑧ のなかから1つずつ選び、解答欄のその番号にマークしてください。(配点 10)

Pouf, une seconde passe. Et avec elle, 634 000 kg de déchets viennent de rejoindre les océans et menacer la faune et la flore marines. Quelques projets ont été pensés pour tenter de réduire la quantité de déchets en plastique dans les océans, comme une machine inventée par un ingénieur néerlandais. En attendant leur réalisation ou leur extension, la zone de plastiques continue à (1).

Une découverte scientifique pourrait (2). Des chercheurs américains et britanniques ont par inadvertance développé une enzyme qui serait capable de détruire du plastique en un temps record. L'objectif de l'équipe était de comprendre le fonctionnement de l'une des enzymes appelée PETase, qui se nourrit uniquement d'un type de plastique, le polytéréphtalate d'éthylène (PET). Mais leurs expérimentations ont débouché sur une enzyme beaucoup plus efficace que la PETase naturelle. Les scientifiques s'activent désormais à (3) dans l'espoir de pouvoir un jour l'utiliser dans un processus industriel de destruction des plastiques.

L'espoir est donc permis. Bientôt une minuscule enzyme pourrait réparer les erreurs accumulées de milliards d'humains. Craignez-vous que ce soit quelque peu exagéré ? Que cette découverte se transforme en un moyen tout trouvé de se justifier pour ceux qui préfèrent (4) ? Eh bien, le quotidien *Le Monde* aussi. Son éditorial d'hier rappelle que la nature travaille à un rythme souvent incompatible avec la frénésie consumériste des êtres humains. Selon le journaliste, cette récente découverte risque de faire croire à tort qu'il est possible de continuer à consommer du plastique au rythme actuel ; elle pourrait (5) en espérant qu'une enzyme, des barrages géants ou toute autre technologie nous débarrasseront rapidement de cette pollution.

① abandonner toute la technologie employée dans d'autres développements enzymatiques

② changer la donne

③ en améliorer les performances

④ entrer dans la composition de très nombreuses bouteilles en plastique

⑤ inciter les gens à se bercer d'illusions

⑥ jeter leurs bouteilles en plastique à la mer plutôt que leurs vieilles habitudes

⑦ prendre de l'ampleur

⑧ s'attaquer plus rapidement à un type de plastique

(解説・解答 ▶ p.49)

7　次の文章を読み、右のページの (1) ～ (6) について、文章の内容に一致する場合は解答欄の ① に、一致しない場合は ② にマークしてください。(配点　12)

Notre capacité à reconnaître les visages a longtemps été considérée comme inhérente au seul cerveau humain. Une nouvelle étude montre pourtant que les guêpes et les abeilles sont également capables de le faire, par des mécanismes de traitement visuel similaires à ceux de l'Homme.

« Nous sommes très doués pour reconnaître les visages familiers », explique Cédric Guilloux, auteur principal de l'étude parue dans une revue scientifique européenne. « Nous le faisons sans effort, tandis que les intelligences artificielles ont souvent beaucoup de difficultés à reconnaître des visages dans des situations complexes », telles que localiser une personne particulière dans une foule. Pour reconnaître les visages, les humains emploient en effet une approche holistique : au lieu de simplement identifier certains traits spécifiques, nous les associons pour former une image globale, constituant une combinaison unique.

Cédric Guilloux et son équipe ont cherché à explorer ce concept de processus holistique chez les animaux afin d'en apprendre plus sur leur façon de traiter les visages. Pour cela, ils se sont tournés vers deux espèces connues pour leurs organisations sociales complexes : l'abeille européenne et la guêpe commune. Ces insectes se sont montrés capables de distinguer des visages humains présentés en noir et blanc grâce à des tests similaires à ceux soumis aux sujets humains.

Bien que rien dans leur évolution ne semble nécessiter de reconnaître des visages humains, il semblerait donc qu'ils en aient néanmoins développé la capacité. Par ailleurs, grâce à cette étude, les chercheurs savent désormais que, comme nous, les abeilles et les guêpes s'appuient sur un ensemble de traits pour parvenir à cette reconnaissance. Ces résultats pourraient également fournir de nouvelles pistes d'exploration dans le développement d'intelligences artificielles capables d'identifier globalement un ensemble de traits et, donc, plus performantes dans la reconnaissance faciale.

(1) À la suite de l'étude menée par l'équipe de Cédric Guilloux, on peut considérer l'approche holistique de la reconnaissance faciale comme l'apanage des humains.

(2) L'équipe de Cédric Guilloux a mené une étude sur l'abeille et la guêpe dans le but de mieux connaître la façon de traiter les visages chez les humains.

(3) Les intelligences artificielles ne sont pas capables de repérer précisément des visages dans une foule.

(4) Les résultats de l'étude pourraient être utiles pour concevoir une intelligence artificielle qui simule la façon dont les humains reconnaissent les visages.

(5) On ne sait pas pourquoi les abeilles et les guêpes ont eu besoin d'apprendre à reconnaître les visages humains.

(6) Quand nous reconnaissons les visages humains, nous les percevons dans leur globalité sans identifier aucun trait spécifique.

（解説・解答 ▶ p.52）

8　次の文章を読み、右のページの (1)、(2) に、指示にしたがって**日本語**で答えてください。句読点も字数に数えます。

解答欄は解答用紙の裏面にあります。(配点　15)

L'écrivain et botaniste français Jacques Richard est connu pour ses nombreux ouvrages sur le monde botanique. Mais son plus bel exploit est le jardin Saadi qui surplombe Tanger. Jacques Richard est arrivé au Maroc il y a plus de 30 ans. Arrivé à Tanger, ce natif d'Orléans est tout de suite tombé amoureux de la ville. Il raconte qu'il s'est endormi sous un figuier et qu'après avoir fait un rêve étrange, il s'est réveillé avec une seule idée : se faire construire un jardin sur les collines de Tanger.

Son père, mort peu de temps avant, lui avait légué une petite somme, avec laquelle il a entrepris son projet. Il s'est fait aider par les habitants des villages d'alentour et a embauché au total plus de 600 personnes. Construire une piste, ériger des murs, bâtir trois maisons, transporter des tonnes de terres arables, tout cela a pris des années. Mais le résultat est là et la cause est noble. Car le vrai combat de Jacques Richard a été de sauver des milliers d'espèces végétales locales. Il raconte comment ces plantes l'ont effectivement fasciné, dès son arrivée dans la ville : « Les plantes et les bulbes comme l'iris de Tanger étaient partout. À seulement quelques kilomètres de la ville, on pouvait admirer de grandes étendues de fleurs. J'en ai été frappé. »

20 ans plus tard, le jardin Saadi reste un paradis d'arbres d'ombrage, de verdure enchevêtrée et de fleurs en forme de bijoux s'étendant à perte de vue sur des terrasses reliées par des méandres de pierre. Jacques Richard n'y cultive que « des végétaux menacés par l'urbanisation qui défigure le nord du Maroc, arrachés aux mâchoires des pelleteuses et des bulldozers ». De plus, ce projet a grandement aidé la population locale. Avant l'édification de ce coin de paradis, les femmes du village devaient marcher plus de trois kilomètres pour chercher de l'eau à la source. Dans son jardin, Jacques Richard a creusé un puits de 90 mètres de profondeur et l'a rendu accessible à tous.

(1) Jacques Richard の庭園の特徴は何であると筆者は述べていますか。(40 字以内)

(2) 筆者によれば、Jacques Richard の庭園は地域の人々にどのような影響をあたえましたか。(50 字以内)

（解説・解答 ▶ p.55）

9

次の文章をフランス語に訳してください。
解答欄は解答用紙の裏面にあります。(配点　20)

最近、オーストラリアから来た留学生です。同じ女性ながら、日本の大学では学生たちの女子力の高さに驚かされます。多くの女子学生がきちんとお化粧し、おしゃれな服を着て、ヒールを履いて登校しているからです。朝早い授業もあるのに、どうしてそこまでできるのでしょう。

(解説・解答 ▶ p.57)

2019年度春季
実用フランス語技能検定試験
聞き取り試験問題冊子 〈1級〉

書き取り・聞き取り試験時間は、
16時20分から約40分間

先に書き取り試験をおこないます。解答用紙表面の書き取り試験注意事項をよく読んでください。書き取り試験解答欄は裏面にあります。

この冊子は指示があるまで開かないでください。

◇**筆記試験と書き取り・聞き取り試験の双方を受験しないと欠席になります。**
◇問題冊子は表紙を含め4ページ、全部で2問題です。

書き取り・聞き取り試験注意事項

1 途中退出はいっさい認めません。
2 書き取り・聞き取り試験は、CD・テープでおこないます。
3 解答用紙の所定欄に、**受験番号**と**カナ氏名**が印刷されていますから、まちがいがないか、**確認**してください。
4 CD・テープの指示にしたがい、中を開いて、日本語の説明をよく読んでください。フランス語で書かれた部分にも目を通しておいてください。
5 解答はすべて別紙の書き取り・聞き取り試験解答用紙の解答欄に、**HBまたはBの黒鉛筆**（シャープペンシルも可）で記入またはマークしてください。ボールペンや万年筆等でマークした解答は機械による読み取りの対象とならないため、採点されません。
6 問題内容に関する質問はいっさい受けつけません。
7 **携帯電話等の電子機器の電源はかならず切って、かばん等にしまってください。**
8 **時計のアラームは使用しないでください。**
9 この試験問題の複製（コピー）を禁じます。また、この試験問題の一部または全部を当協会の許可なく他に伝えたり、漏えいしたりすることを禁じます（インターネットや携帯サイト等に掲載することも含みます）。

書き取り・聞き取り試験

（試験時間：約 40 分間）

書き取り試験

注意事項

フランス語の文章を、次の要領で 3 回読みます。全文を書き取ってください。

- 1 回目は、ふつうの速さで全文を読みます。内容をよく理解するようにしてください。
- 2 回目は、ポーズをおきますから、その間に書き取ってください（句読点も読みます）。
- 最後に、もう 1 回ふつうの速さで全文を読みます。
- 読み終わってから 3 分後に、聞き取り試験にうつります。
- 数を書く場合は、算用数字で書いてかまいません。（配点　20）

［ 音声を聞く順番 ］ 01 → 02 → 01

（解説・解答 ▶ p.60）

聞き取り試験

1

- まず、Christine へのインタビューを聞いてください。
- つづいて、それについての 5 つの質問を読みます。
- もう 1 回、インタビューを聞いてください。
- もう 1 回、5 つの質問を読みます。1 問ごとにポーズをおきますから、その間に、答えを解答用紙の解答欄にフランス語で書いてください。
- それぞれの (　　) 内に 1 語入ります。
- 答えを書く時間は、1 問につき 10 秒です。
- 最後に、もう 1 回インタビューを聞いてください。
- 数を記入する場合は、算用数字で書いてください。

(メモは自由にとってかまいません) (配点　20)

［ 音声を聞く順番 ］ 03 → 04 → 03 → 05 → 03

(1) Non, dans un (　　) qui n'est pas (　　) de chez elle.

(2) Pour se retrouver en (　　) dans un endroit (　　).

(3) Elle apprend que (　　) n'est un (　　).

(4) Ce sont non seulement des catholiques (　　) mais aussi des (　　).

(5) Non, mais elle considère qu'ils savent (　　) et que personne ne se sent (　　).

(解説・解答 ▶ p.63)

2

- まず、Louis の話を 2 回聞いてください。
- 次に、その内容について述べた文 (1) ～ (10) を 2 回通して読みます。それぞれの文が話の内容に一致する場合は解答欄の ① に、一致しない場合は ② にマークしてください。
- 最後に、もう 1 回 Louis の話を聞いてください。

(メモは自由にとってかまいません) (配点　10)

[音声を聞く順番]　06 → 06 → 07 → 07 → 06

(解説・解答 ▶ p.67)

2 次 試 験

試験方法

○2次試験は個人面接です（面接時間は9分）。

○各自の試験開始予定時刻3分前にテーマを2題渡します。この3分間に渡された2題のテ―マのうち、いずれか1題について考えをまとめておいてください。

○指示にしたがい試験室に入室し、はじめに氏名の確認がありますから、フランス語で答えてください。

○次に選択したテーマについて、3分間、フランス語で自由に述べてください。つづいてその内容についてフランス語で質問がありますから、フランス語で答えてください。時間の余裕があれば、一般会話をおこなうことがあります。

＊注意＊ ● テーマが渡されてから、辞書・参考書類を使ったり、音読したり、他の人と相談したりしないでください。

● 試験室入室前に携帯電話の電源を切ってください。

2019年度は以下の問題のうちから、試験本部が選択したものを会場でお渡ししました。

次のテーマのうち、いずれか1題について考えをまとめておいてください。

【日本】

1.

A) Depuis quelque temps, beaucoup de personnes d'un âge moyen ou avancé ne travaillent pas et s'enferment chez elles. Que pensez-vous de ce phénomène qui pose un problème de plus en plus sérieux ?

B) On dit que la monnaie électronique a du mal à s'imposer au Japon. Qu'en pensez-vous ?

2.

A) Avec l'obligation de remboursement, le système japonais des bourses d'études accable de plus en plus les bénéficiaires. Qu'en pensez-vous ?

B) Malgré les nombreuses critiques que cela suscite dans et hors de l'Archipel, le Japon reprend la chasse à la baleine. Quelle est votre opinion sur cette question ?

【パリ】

1.

A) Certains reprochent aux grands industriels français d'être indifférents à la misère sociale mais mobilisés pour restaurer la cathédrale Notre-Dame. Qu'en pensez-vous ?

B) Pensez-vous que le Japon ait toujours intérêt à conserver la datation en ères impériales ?

2.

A) La justice pénale japonaise est souvent accusée de ne pas être en conformité avec les normes internationales des droits de l'homme. Qu'en pensez-vous ?

B) L'affirmation selon laquelle les Français ne savent pas parler l'anglais serait-elle aujourd'hui un cliché obsolète ?

（解説 ▶ p.73）

2019年度1級

2019年度の出願者は638名（うち受験者は528名）で、1次試験の合格者は68名、対実受験者の合格率は12.9%でした。1次試験免除者12名を加えた80名のうち77名が2次試験を受験し、1次試験・2次試験の両方に合格した最終合格者数は61名、対実受験者の最終合格率は11.6%となっています。

1次試験の平均点は68点（満点は150点）、得点率は45%で、過去5回の平均（それぞれ65点および43%）を若干上まわりました。

出題内容のあらまし

1次［筆記］

1 動詞・形容詞の名詞化（全文書きかえ・記述）

2 多義語（穴うめ・記述）

3 前置詞（穴うめ・選択）

4 時事用語・常用語（穴うめ・記述）

5 説明文（道路工事中に発見された古代の墓地／動詞を選択活用・記述）

6 説明文（海のプラスチック汚染対策をめぐって／穴うめ・選択）

7 説明文（人はどのように顔を認識しているか／内容一致・選択）

8 説明文（モロッコに庭園を作った作家／日本語による内容要約・記述）

9 和文仏訳（留学生が見た日本の大学生の「女子力」／記述）

［書き取り］ 談話文（停車中の携帯電話使用によって罰せられた看護士の女性）

［聞き取り］

1 インタビュー（修道院でバカンスを過ごす女性／穴うめ・記述）

2 談話文（俳優 Louis の不運／内容一致・選択）

2次［面接］（個人面接方式：受験者による exposé（口頭論述）と質疑応答）

下記のテーマから1つを選択（国内）

1. 中高年の引きこもり／電子マネーの普及
2. 奨学金破産／商業捕鯨の再開

1 次 試 験

筆記試験

解説・解答

1 **解説**、文中のイタリック体で示された動詞、形容詞、副詞を派生関係にある名詞に置きかえ、全文をほぼ同じ意味の文に書きかえる問題です。派生関係にある語彙の知識はもちろん、名詞化にともなう構文の変換にも注意が必要です。

(1) Il est clair que ses efforts sont *vains*.「彼の努力が無駄であるのは明らかだ」

「無駄な、むなしい」の意の形容詞 vain と派生関係にある名詞は vanité です。vanité は「うぬぼれ、見栄」のほか、「はかなさ、むなしさ」の意味でも用いられます。この名詞を主語にした書きかえを考えれば、La vanité de ses efforts est claire. という解答にたどり着くのはそれほどむずかしくはありません。時制は直説法現在ですし、書きかえの際に注意すべきは、主語となる女性名詞 vanité に合わせて、形容詞 clair を女性形に一致させることくらいです。名詞化そのものの誤りでは、形容詞と同形の *vain* を用いているものがめだちました。en vain「無駄に」といった表現があるので誤解を招きやすいところですが、*vain* はあくまでも形容詞です。*vainité*、*vanite*、*vanitée* などつづりが不正確なもののほか、派生関係にない *vainqueur*、*vaincu*、*vacuité* などの誤答もあり、得点率は24%でした。

(2) L'enfant *a été sauvé* par les pompiers.「その子どもは消防士たちによって救助された」

動詞 sauver「救う、助ける」と派生関係にある名詞は sauvetage です。まず、元の文の動詞 sauver の動作主にあたる les pompiers を主語にした書きかえを考えてみましょう。sauvetage を目的語にとる動詞として最初に思いつくのは faire ですが、実際の用例にあたってみると、たしかに faire du sauvetage「救助をおこなう」という用例はあるものの、あとに前置詞をともなう faire le sauvetage de「〜の救助をおこなう」という言い方はあまり一般的ではないようです。ここでは faire にかえ、「救助に無事成功した」という意味合いで réussir を用いるとしっくりします (Les pompiers ont réussi le sauvetage de l'enfant.)。あるいは le sauvetage を主語に置き、受動態の構文で、Le sauvetage de l'enfant a été effectué par les pompiers. としてもよいでしょう。*sauvegarde*、*sauftage*、*secours*、*sauvage* など名詞化の誤りが多く、得点率は30%でした。

(3) Les fleuves grossissent après que la neige *fond*.「雪解けのあと川は水かさを増す」

まずイタリック体で示されている *fond* が動詞 fondre「溶ける」の直説法現在の活用形であることを確認しましょう。動詞 fondre と派生関係にある名詞は fonte です。設問文では「(川が) 増水する」という意味で grossir が自動詞として用いられていますが、grossir には他動詞としての用法もあり、la fonte de la neige を主語に置けば、「雪解け水が川を増水させる」の意で、La fonte de la neige grossit les fleuves. と書きかえることができます。より簡単なのは、設問文の構文をそのまま用い、Les fleuves grossissent après la fonte de la neige. とする方法です。「雪解け」は la fonte des neiges でもかまいません。得点率が9%にとどまったのは、*fondue*、*effondrement*、*fondement*、*font* など、文の組み立てよりも名詞化そのものの誤答が多かったためです。

(4) Michelle est restée *calme* pendant la discussion.「議論の間 Michelle は終始冷静だった」

形容詞 calme「静かな、冷静な」に対応する名詞は、同じつづりの calme です。この点に思いいたらず、*calmement*、*calmerité*、*calmité*、*calmeté* など、無理矢理に名詞を作り出そうとした誤答がめだちました。この問題では、たとえば garder son calme「冷静さをたもつ」という言い方を思いつけば、元の文の rester calme「冷静なままでいる」の部分をこれに置きかえることで、文の構造をほとんどかえずに Michelle a gardé son calme pendant la discussion. という解答を得ることができます。garder son calme のかわりに逆の意味の perdre son calme「冷静さを失う」を用い、否定文で Michelle n'a pas perdu son calme pendant la discussion.「Michelle は議論の間冷静さを失わなかった」としてもよいでしょう。あるいは La discussion を主語に置き、使役の構文で La discussion n'a pas fait perdre son calme à Michelle. とすることも可能です。得点率は 24%でした。

問題[1]全体の得点率は 22%でした。

解答　(1) La vanité de ses efforts est claire.
(2) Les pompiers ont réussi le sauvetage de l'enfant.
(3) La fonte de la neige grossit les fleuves.
(4) Michelle a gardé son calme pendant la discussion.

2　**解説**　多義語の問題です。2 つの文 **A**、**B** の（　　）内に入る同じ 1 語を解答します。品詞や動詞の語形、形容詞の性数など、文法的な条件を考慮し、可能性のある語をしぼっていきます。

(1)　**A** Il faut (　　　) un timbre sur l'enveloppe.
B Malheureusement, il s'est fait (　　　) au concours.

正解は coller です。**A** では「貼りつける」、**B** では「試験で落とす、落第させる」という意味で用いられています。文意はそれぞれ、「この封筒に切手を貼る必要がある」、「残念ながら、彼は選抜試験で不合格になった」となります。coller はまた、学生用語で「居残りさせる」という意味でも用いられますが、これは「その場に貼りつける」という意味から転じたものです。同様に、名詞 colle にも、「糊」のほか、「居残り勉強、試験」といった、「いすにぴったり貼りついていなければならない状況」を指す用法があります。Il a eu deux heures de colle.「彼は 2 時間の居残り勉強をさせられた」

得点率は 43%でした。

(2)　**A** La nouvelle direction s'apprête à (　　　) une orientation différente à l'entreprise.
B Suivez les instructions ci-dessous pour (　　　) en recto verso.

正解は imprimer です。**A** では「(方針や方向性を) あたえる」、**B** では「印刷する」の意で用いられています。文意はそれぞれ、「新たな経営陣は会社に別の方向性をあたえようとしている」、「両面印刷をするには以下の指示にしたがってください」となります。recto verso「表裏」とはもちろん紙の表裏のことですから、この問題では **B** のほうから動詞をしぼり込むのが容易かもしれません。

得点率は6%でした。

(**3**)　**A**　La route est (　　　) de sept mètres environ.

B　Tu laisses un si gros pourboire ? Tu es très (　　　) avec cette serveuse !

正解は形容詞 large です。**A** では〈large de + 数量表現〉で「～の幅がある」、**B** では「気前がいい」の意で用いられています。文意はそれぞれ、「その道路は幅が約7メートルある」、「そんなにたくさんチップを置いていくなんて、あのウェイトレスにずいぶん気前がいいのね！」となります。**A** の意味での名詞は largeur「幅、横幅」ですが、**B** の意味では largesse「気前のよさ」になる点にも注意してください。

得点率は30%でした。

(**4**)　**A**　Tous les enfants bénéficient d'une (　　　) sociale.

B　Une célèbre actrice italienne fait la (　　　) du dernier numéro de ce magazine.

正解は couverture です。**A** では「（保険などの）保証範囲」、**B** では「表紙、カバー」の意味で用いられています。文意はそれぞれ、「すべての子どもが社会保険の適用を受けている」、「イタリアの有名女優がその雑誌の最新号の表紙を飾った」となります。couverture は動詞 couvrir「覆う」の派生語で、**B** では文字どおり雑誌を「覆うもの」つまり「カバー」、**A** ではやや抽象的に、社会保険制度によって「カバーされている範囲」を表わしますが、広い意味での couverture sociale は（社会保険や公的扶助といった）「社会保障」全般を指す術語と考えてよいでしょう。

得点率は22%でした。

問題[2]全体の得点率は25%でした。

解答　(1) coller　(2) imprimer　(3) large　(4) couverture

3 **解説** (　　) 内に適当な前置詞を入れて文を完成させる問題です。前置詞の用法に関しては、前後の文脈や文意からは推測できないものも多く、成句的な表現についての正確な知識が欠かせません。日ごろから、前置詞をともなう表現に意識的な視線を向けておくことが必要です。

(1) Ceux qui paient les conséquences de la crise n'y sont souvent (　　) rien.「危機の影響をもっとも受けるのは、多くの場合それにはまったく責任のない人々だ」

この文では n'être pour rien dans *qc*「〜に対しては何の責任ももたない」という意味の成句表現が用いられており、pour が正解です。たとえば Je n'y suis pour rien. は「私のせいではない」ということですが、仮に問題文を代名詞を用いずに書き直せば、Ceux qui paient les conséquences de la crise ne sont souvent pour rien dans cette crise. となり、ここでは dans cette crise の部分が y に置きかえられていると考えればよいでしょう。

得点率は66%でした。

(2) Le temps est (　　) la pluie.「雨になりそうだ」

à が正解で、Le temps est à la pluie. は「今にも雨が降りそうだ」という意味です。「状態」を示す前置詞 à の用例の 1 つですが、この用法は「(現に)〜の状態にある」という「現状」を示す場合と、「〜の状態に向かいつつある」という意味で「変化の方向」を示す場合があり、たとえば être à la diète「節食している」、être aux abois「追い詰められている（窮地におちいっている）」などは前者ですが、問題文は空模様が「雨に向かっている」（現状ではまだ雨は降っていない）ということですから、後者の用法に相当します。

得点率は16%でした。

(3) Ma fille compte encore (　　) ses doigts.「私の娘はまだ指を折って数えている」

sur が正解です。compter sur ses doigts は「指を使って数える」の意ですが、これとよく似た compter *qc* sur les doigts de la main (d'une seule main) は「片手で数えられるほどの数」つまり「ごくわずかな数」しかない、という意味で用います。compter (calculer) de tête「暗算をする」などの表現もあわせて覚えておくとよいでしょう。

得点率は48％でした。

(4) Pourquoi s’est-il conduit (　　　) la sorte ?「どうして彼はそのようにふるまったのだろう」

deが正解で、de la sorteは「そのように、そんなふうに」という意味で用います。sorteはここでは「仕方、方法」の意で、de la sorteのかわりにde cette sorte と言ってもほぼ同じです。やや古風な言い方になりますが、de la bonne sorte、de belle sorteは「立派に、申し分なく」、en aucune sorteは否定のneとともに用い、「まったく（～ではない）」という意味で使われます。Elle n’est contente en aucune sortc.「彼女は少しも満足していない」

得点率は27％でした。

問題3全体の得点率は39％でした。

解答 (1) ⑦　(2) ①　(3) ⑧　(4) ④

4 **解説** 時事用語、常用語についての知識を問う問題です。出題の範囲は政治、経済、社会、法律、医療、情報科学など多岐にわたり、当然ながら、日本語から容易に推測できるケースは多くありません。さまざまな話題を扱った文章を幅ひろく読み、目を引いた用語についてはそのつど日本語との対応を確認しておくとよいでしょう。

(1) 複数の大国の間に位置し、大国同士の衝突を防ぐ役割を果たしている「緩衝国」は、フランス語ではun État (tampon)といいます。男性名詞tamponの原義は「詰めもの、栓」ですが、そこから「緩衝」の意が派生し、ここではこの語が形容詞的に用いられていることになります。zone tampon「緩衝地帯」も同じ用法です。*doux*、*intermédiaire*などの形容詞を用いた誤答のほか、イメージは近いものの、*éponge*、*coussin*などもここでは該当しません。得点率は3％でした。

(2)「先物取引」は、une opération à (terme) といいます。まだ収穫されていない作物や、価格の決まっていない未来の株を売買する「先物取引」とは、将来の一定の期日に、特定の商品を現時点で取り決めた価格で引き渡すことを定めた売買取引ですが、この「期日」にあたるのがtermeです。同じ意味で、compte à terme「定期預金」、règlements à terme「期日決済」などの言い方もよく目にします。誤答のほとんどは*avance*、*avenir*、*future*など未来を表わす語をあてようとしたもので、得点率は4%にとどまりました。

(3)「二卵性双生児」は、des (faux) jumeaux といいます。形容詞fauxが複数形の名詞に先行するため文法的にはde faux jumeauxとなるはずですが、実際の用例では不定冠詞はdes、deどちらも可能です（deを用いるとやや改まった言い方になり、日常的には des でかまいません）。faux jumeauxとは「一卵性双生児」すなわちvrais jumeauxに対する言い方で、女性の場合はそれぞれfausses jumelles、vraies jumellesとなります（ちなみに一卵性双生児はかならず同性です）。jumeauxが名詞とも形容詞ともとれるため、多種多様な誤答があり、「卵」につられた*œufs*のほか*enfants*、*doubles*、*frères*などもめだちました。得点率は12%でした。

(4)「むらのある成績」は、des résultats en dents de (scie) といいます。scieは「のこぎり」、en dents de scieは「のこぎりの歯のような、ぎざぎざの」という意味で、ここから問題文の「不規則な、むらのある」という意味が派生しています。誤答のうち、意外に多かったのが、（ぎざぎざに尖った）「歯」からの連想で*lion*、*chien*、*chat*、*loup*、*rat*などの動物名をあてはめたものです（なかにはそれほど歯が尖っていないように思われる*éléphant*、*cheval*、*chèvre*、*lapin*などもありました）。ほとんどは成句表現としての意味をなしませんが、dent-de-lionはぎざぎざの葉をした植物「タンポポ」を指すことになります。得点率は4%でした。

(5)「メインディッシュ」は、le plat de (résistance) といいます。1回の食事の中心となる料理のことで、次の食事までお腹をもたせることからrésistanceの語を用います（これに対応する形容詞résistantにも「長もちする」という意味があります）。plat principalと言うこともありますし、たとえばentrée、plat、dessertの3つで構成されるコースであれば、platだけで「メインディッシュ」の意になります。ちなみにplatは「皿」のことですが、ここでは「皿に盛った料理」を指し、このように容器によってその内容を指すなど、あるものを示すのにそれと関連の深い別のものを用いる言い方を

métonymie「換喩」と呼んでいます。得点率は4%でした。

問題4全体の得点率は5%でした。

解答 (1) tampon (2) terme (3) faux (4) scie (5) résistance

5 **解説** 長文を読み、話の展開を追いながら、空欄部分に該当する動詞を適切な形にしておぎなう問題です。解答には、動詞の法・時制に関する正確な知識のほか、過去分詞の一致など、語形にも細心の注意が求められます。

問題文は、工事現場で発見された古代の墓地の話です。本文では発掘の状況や出土品に関する専門家の見解、今後の見通し等が順に述べられています。以下、設問に対応する箇所を引用しながら見ていくことにしましょう。

(1) Sous un village palestinien près d'Hébron, des dizaines de tombes (1) de l'époque romaine ont été découvertes, a annoncé un responsable du chantier.

出題の文章は、Les travailleurs d'un chantier se sont donné des vacances imprévues.「工事現場の労働者たちは予期しない休暇をもらうことになった」という書き出しで始まります。この文は、古代墓地の発見により、工事が中断を余儀なくされたという事情をやや回りくどい言い方で述べたものですが、つづく空欄(1)をふくむ文では、工事関係者の説明を引用する形で、Hébron近郊のパレスチナの村で「地下から何十もの墓が発見された」という事実が明らかにされています。空欄(1)以下の部分は、文法上、形容詞句として主語のdes dizaines de tombesにかかることから、(1)に該当する動詞の語形は現在分詞あるいは過去分詞のどちらかになることが予想されます。選択肢のうち、前後の文意に合うのはdaterで、この動詞がここでは前置詞deとともに「〜の時代にさかのぼる」という意味の自動詞として用いられていると考えれば、現在分詞形の(datant)が正解です(des dizaines de tombes (datant) de l'époque romaine「ローマ時代にさかのぼる何十もの墓」)。なお、daterにはもう1つ、出来事などの「年代を推定(確定)する」という意味の他動詞としての用法があり、(1)に関しては、過去分詞形の(datées)も正解となります(des dizaines de tombes (datées) de l'époque romaine「ローマ時代のものとされる（ローマ時代のものである）何十もの墓」)。この場合、過去分詞はdizainesに合わせるのか、それともtombesと一致させればよいのか迷うところですが、問題文ではすぐあとにont été découvertesという受動態の記述があるため、過去分詞découvertesの語形に合わせ、（　1　）についても女性複数形のdatéesを用いればよいことがわかります。得点率は56%でした。

(2) Il a expliqué qu'on (　2　) au jour le cimetière lors de travaux sur une route de la zone.

前の文につづき、工事の責任者による説明という形で、墓地が発見された具体的な状況が述べられています。説明の内容が「Hébron周縁の道路工事の際に墓地が発見された」となることはすぐに見当がつきますが、空欄のあとのau jourに注目すれば、ここではmettre au jourという言い方で「発見」の事実が述べられていると考えればよいでしょう。墓地がみつかったのは工事の責任者による説明よりも前の出来事ですから、主節の複合過去a expliquéに対する先立性を示す大過去 (avait mis) が正解です。ただし、「墓地が発見された」と「工事の責任者が説明をおこなった」という2つの出来事の前後関係は明らかなので、あえて時制の区別をせず、（　2　）に主節と同じ複合過去 (a mis) を用いることも可能です。得点率は39%でした。

(3) « Les archéologues estiment cependant possible que des voleurs (　3　) certains objets avant la découverte officielle du site », a déclaré le directeur.

第2段落では、Hébronの観光部門の責任者であるNabil Jabraによって、現場から発見された骨や陶器の破片が公開されているという説明があり、その内容は約100体の人骨と500近い陶器、32の墓石におよぶことが述べられています。空欄（　3　）をふくむ文は、Nabil Jabraの説明を引用したもので、その内容が「しかしながら、考古学者たちは、墓地の公式発見以前に、いくつかの品が盗掘者によって持ち去られていた可能性もあると考えている」となることがわかれば、空欄にはemporter「持ち去る」をあてはめることができます。この場合、考古学者たちが単に「〜と考えている」という記述の仕方、つまりles archéologues estiment queであればque以下には直説法が用いられますが、本文はles archéologues estiment <u>possible</u> que「考古学者たちは〜の可能性もあると考えている」ですから、il est possible que

のような表現と同様、que 以下の動詞には接続法が要求されることになります。考古学者たちがここで問題にしているのは、いくつかの品がすでに「持ち去られていた」可能性なので、「完了」を示す接続法過去 (aient emporté) が正解です（現在形の *emportent* では、「未完了」を示すことになり、「公式発見以前に持ち去られる可能性がある」という意味の通らない記述になってしまいます）。直説法大過去の *avaient emporté* や条件法を用いた *auraient emporté* などの誤答もめだち、得点率は 18%でした。

(4) Le cimetière est vaste et les tombes (　4　) sur une cinquantaine de mètres.

ここでは発掘された墓地のようすが説明されています。空欄の前が les tombes「墓」、また空欄のあとには sur une cinquantaine de mètres「およそ 50 メートルにわたって」という記述があるので、(　4　) に相当するのは、たとえば「(墓が) ならんでいる」といった、空間的な位置関係を示す動詞になるはずですが、これに類するものを選択肢からさがせば、répartir「分散する、分けて配置する」が目にとまります。問題文では les tombes が文の主語、また répartir は他動詞ですから、ここでは受動態の構文が用いられていることになり、過去分詞 réparti を tombes に合わせて女性複数形にした (sont réparties) が正解です（「墓地は広大で、およそ 50 メートルにわたって墓が分散している」）。得点率は 6%でした。

(5) « On espère faire du site une attraction touristique », a-t-il ajouté, tout en assurant que les études (　5　) pour préciser l'importance historique de cette découverte.

最後の文では、ふたたび Nabil Jabra の発言が引用されています。「われわれはこの場所を観光の目玉の 1 つにしたいと願っています」と述べる Nabil Jabra は、一方で、「今回の発見の歴史的重要性」を明らかにするための研究の必要性にも言及しており、(　5　) には les études「研究」が「おこなわれる」あるいは「進められる」という意味の動詞が該当します。選択肢のうち、この条件にあてはまるのは「継続しておこなわれる」という意味の se poursuivre ですが、空欄部分は従属節のなかにあり、また主節の動詞に過去時制が用いられていることから、(　5　) については、時制の照応の原則にしたがって動詞の時制を考えなければなりません（que 以下の従属節をみちびいているのは厳密には複合過去の a-t-il ajouté ではなく、ジェロンディフ tout en assurant として用いられている assurer ですが、このジェロンディフは、たとえば mais il a également assuré のように、a-t-il ajouté と同じ複合過去で言いかえることができます)。問題文の場合、「研究が継続される」のは、(発言の時点から見て) 未来に属す出来事になるため、「過去から見た未来」を示す条件法現在の (se poursuivraient) が正解となります (「(Nabil Jabra は) 今回の発見の歴史的重要性を明らかにするために今後も研究が継続されることを請け合う一方、「この場所を観光の目玉の1つにしたいと願っています」とも付け加えた」)。主節が過去の文で、従属節の内容が「過去から見た未来」を表わす場合、従属節の動詞は条件法現在を用いる、という時制の一致の規則を確認しておきましょう (時制の一致に関しては、このあとの「書き取り」でも、従属節の内容が「過去における現在」を表わすケースが問題にされています。p.61 を参照)。

なお、時制の照応に関する上の原則には例外があり、「過去から見た未来」が**現在から見ても未来**にあたる場合、次の例のように、直説法半過去や単純未来によって「過去における未来」を表わすことがあります (朝倉・木下『新フランス文法事典』による)。

❶ Il m'a écrit qu'il viendrait (venait) demain.
❷ Il m'a affirmé qu'il viendra sûrement demain.

❶では、半過去 venait を用いた場合、条件法現在の viendrait よりも「過去から見た未来」の確実性が強調され、また単純未来は、❷の viendra のように、話者の意見として確実性を強調するときに限って用いられます。これを問題文にあてはめると、「研究が継続される」のは、この文章が書かれた時点から見ても未来に属す出来事と見なしうるため、(　5　) については、半過去の (se poursuivaient) や単純未来の (se poursuivront) も排除されません。時制の照応はこのように複雑な問題をはらんでいますが、解答の前提になるのはあくまでも上に示した一般的原則 (下線部) ということになります。得点率は34%でした。

問題5全体の得点率は31%でした。

解答　(1) datant　(2) avait mis　(3) aient emporté

(4) sont réparties　　(5) se poursuivraient

6　**解説**　長文を読み、空欄に対応する文の一部を選択肢から選んで文を完成させる問題です。

この問題では、単に文が成立するという意味では、空欄に対応する選択肢は1つとはかぎりません。正解にいたるには、文章全体の論理構成や前後の文脈に目を配る必要があります。

今回出題された文章では、大量のプラスチックごみがあふれる現状をふまえ、プラスチックを分解する酵素のような技術革新による問題解決の可能性が示唆されるとともに、こうした「特効薬」の登場にはマイナスの側面もあることが指摘されています。

(1) En attendant leur réalisation ou leur extension, la zone de plastiques continue à (1).

まず、第1段落では、Pouf, une seconde passe. Et avec elle, 634 000 kg de déchets viennent de rejoindre les océans et menacer la faune et la flore marines.「1秒経過。そしてこの1秒の間に、63万4000キロのごみが海に飲み込まれ、海の動物と植物をおびやかしていたことになる」という書き出しにつづき、刻一刻と広がるプラスチック汚染への対策として、une machine inventée par un ingénieur néerlandais「オランダ人のエンジニアによって開発された（浮遊ごみの）回収装置」をはじめとするいくつかのプロジェクトが動き始めている現状が説明されています。(1) をふくむ段落の最後の文では、En attendant leur réalisation ou leur extension,「これらのプロジェクトの実現と進展を待っている間にも」という記述をうけ、空欄部分ではプラスチック汚染の範囲が「広がりつつある」といった内容が述べられるはずですから、(1) には⑦ prendre de l'ampleur「増大する」が該当します。得点率は75%でした。

(2) Une découverte scientifique pourrait (2).

第1段落で述べられた状況をふまえ、第2段落では、プラスチックを分解する酵素について研究が進められているという話題が取り上げられています。第2段落冒頭の une découverte scientifique「ある科学的発見」とはこの画期的な酵素のことで、この発見は、プラスチック汚染の問題を一挙に解決する可能性があることから、（　2　）をふくむ段落冒頭の1文では、「ある科学的発見が状況を一変させるかもしれない」と述べられていることになります。正解は ② changer la donne「状況を変える」で、donne はもともとはトランプの「持ち札」（ゲーム開始時点で配られているカード）のことですが、転じて（ある時点で）「あたえられている状況」という意味で用います。得点率は41%でした。

(3) Les scientifiques s'activent désormais à (　3　) dans l'espoir de pouvoir un jour l'utiliser dans un processus industriel de destruction des plastiques.

上の(2)でもその概要を見たように、第2段落では、アメリカとイギリスの研究者たちが、PETase という酵素の働きに関する研究の過程で、プラスチックの分解により効果のある画期的な酵素を見いだした経緯が説明されています。（　3　）をふくむ文では、この酵素の応用に関する今後の展望が示されており、全体の文意は、「科学者たちは、いずれこの酵素を産業利用してプラスチックを分解できるのではないかという期待をもって〜を急いでいる」となります。（　3　）に該当するのは、科学者たちが急いでいる研究の内容ですから、③ en améliorer les performances「その作用（酵素の分解能力）を向上させる」が正解です。得点率は50%でした。

なお、polytéréphtalate d'éthylène「ポリエチレンテレフタラート」の略称は本文にあるとおり PET で、これが日本語の「ペットボトル」という呼び名のもとになっていることはよく知られているとおりですが、PETase は、この PET だけに作用する酵素ということになります。また、第2段落を読んでいて気になるのは、Des chercheurs américains et britanniques ont par inadvertance développé une enzyme qui serait capable de détruire du plastique en un temps record.「アメリカとイギリスの研究者たちは、軽率にも、これまでにない速度でプラスチックを分解する可能性のある酵素を作りあげてしまった」と述べられていることでしょう。プラスチック汚染の問題にとって福音となりそうな研究成果に対し、筆者がなぜ par inadvertance「軽率にも」という言い方をしているのか腑に落ちませんが、この謎は次の第3段落で明らかにされることになります。

(4) Que cette découverte se transforme en un moyen tout trouvé de se justifier pour ceux qui préfèrent (　4　) ?

第3段落では、L'espoir est donc permis.「したがって（問題の解決を）期待することは許される」という冒頭の1文につづき、Bientôt une minuscule enzyme pourrait réparer les erreurs accumulées de milliards d'humains.「まもなく1つのちっぽけな酵素が、何十億もの人間が積み重ねてきたあやまちの埋め合わせをしてくれるかもしれない」という展望が示されたあと、読者に対してある疑問が提示されます。Craignez-vous que ce soit quelque peu exagéré ?「これは少し行きすぎだと思いませんか」がそれで、（ 4 ）をふくむ次の文では、この疑問の意味するところが具体的に説明されることになります。筆者はここで、先の問いを、「この発見が（ある種の人々にとっては）自己正当化のための格好の手段となることが気になりませんか」と言いかえており、（ 4 ）はこの指摘がどのような人々に向けられているのかを述べている部分ですから、⑥ jeter leurs bouteilles en plastique à la mer plutôt que leurs vieilles habitudes「（ごみに対して無頓着な）自分たちの以前からの習慣ではなく、プラスチックのボトルを海に捨てる（ことを好む人々）」が該当します。得点率は69％でした。

(5) [...] ; elle (= cette récente découverte) pourrait (5) en espérant qu'une enzyme, des barrages géants ou toute autre technologie nous débarrasseront rapidement de cette pollution.

筆者は、(4)で見た懸念 —— 画期的な酵素の発見が、ごみを捨てるという人間の行為を免罪しかねないという懸念 —— について、*Le Monde* 紙の社説がそのような見方を示していることを指摘し、科学的な研究成果がもたらす恩恵の裏に隠された罠の存在に読者の目を向けています。Selon le journaliste, cette récente découverte risque de faire croire à tort qu'il est possible de continuer à consommer du plastique au rythme actuel ; [...].「社説の筆者によれば、最近なされたこの発見は、現在のペースでプラスチックを消費しつづけることが可能であるかのような誤解をあたえてしまう危険がある」という第3段落中ほどの記述に照らせば、（ 5 ）のあとで述べられている、「酵素や巨大なフェンスその他のテクノロジーが、この汚染（プラスチックによる海洋汚染）をただちに取り除いてくれると期待する」こともまた1つの誤解にすぎないことになり、（ 5 ）では、この発見がそうした誤解や幻想を助長しかねない、という内容が述べられていることが予想できるでしょう。⑤ inciter les gens à se bercer d'illusions「人々に幻想を抱かせる」が正解です。なお、ここで汚染対策のテクノロジーの1例としてあげられている des barrages géants「巨大なフェンス」とは、第1段落で言及されている「オランダ人のエンジニアによって開発された浮遊ごみの回収装置」を指しています。得点率は62%でした。

筆者は結局、この文章で、科学的な成果の恩恵はごみを捨てるという行為をなんら正当化するものではなく、プラスチックを分解する酵素のような「夢のテクノロジー」に対する過度の期待は禁物である、と主張していることになります。筆者が先に、画期的な酵素の発見を「軽率な」行為であると述べていたのはそのためで、筆者は、この種の発見が、みずからの愚行を直視する機会を人々から奪ってしまうことを危惧していたのです。

問題6全体の得点率は59%でした。

解答　(1) ⑦　(2) ②　(3) ③　(4) ⑥　(5) ⑤

7

解説　長文を読み、設問として示されている短文の内容が本文の内容に一致するかどうかを判断する問題です。限られた時間内に、まとまった分量の文章を細部にわたるまで把握するのは容易ではありません。あらかじめ設問に目を通しておくと、本文の理解の助けになるでしょう。

出題された文章では、人間が顔を認識する方法について、人工知能のほか、ミツバチやスズメバチとの比較を交えた議論が展開されています。

(1)　À la suite de l'étude menée par l'équipe de Cédric Guilloux, on peut considérer l'approche holistique de la reconnaissance faciale comme l'apanage des humains.「Cédric Guillouxのチームによっておこなわれた研究の結果、顔認識における全体的アプローチは人間に固有のものと考えることができる」

ここではまず語彙のレベルで、approche holistique という術語の意味が問題になりそうです。holistique という見慣れない形容詞は本文の2ヵ所で用いられていますが、approche holistique に関しては第2段落の後半に具体的な説明があり、この用語が、人間の顔を個々の部分的な特徴によってではなく、全体として認識する方法を指していることがわかります（設問(6)を参照。holistique は holisme「全体論」という哲学用語から派生した形容詞で、「全体は部分の総和ではなく、全体の示す性質（全体性）は部分の総和には還元できない」という全体論の考え方が、ここでは顔の認識方法に適用されていることになります）。

設問(1)の趣旨は、顔を認識するための「全体的アプローチ」を人間以外の生物がおこなっているかどうかということですが、第1段落には、Notre capacité à reconnaître les visages a longtemps été considérée comme inhérente au seul cerveau humain. Une nouvelle étude montre pourtant que les guêpes et les abeilles sont également capables de le faire, par des mécanismes de traitement visuel similaires à ceux de l'Homme.「顔を認識する私たちの能力は、長い間人間の脳に固有のものと考えられてきた。しかしながら新たな研究は、人間のそれと同様の視覚的な処理のメカニズムを用いることで、スズメバチやミツバチにも同じこと（＝顔の認識）ができることを明らかにしている」という説明があり、(1)の記述内容に反して、一部の昆虫にも「人間のそれに類似した視覚的な処理のメカニズム」すなわち「全体的アプローチ」による顔の認識が可能であることがわかります。

(2) L'équipe de Cédric Guilloux a mené une étude sur l'abeille et la guêpe dans le but de mieux connaître la façon de traiter les visages chez les humains.「Cédric Guillouxのチームは、人間が顔を認識する方法についてより多くの知見を得るためにミツバチとスズメバチに関する研究をおこなった」

第3段落を見ると、Cédric Guilloux et son équipe ont cherché à explorer ce concept de processus holistique chez les animaux afin d'en apprendre plus sur leur façon de traiter les visages.「Cédric Guillouxと彼のチームは、動物が顔を認識する方法についてより多くを知るために、動物における全体論的プロセスの概念を明らかにしようとした」と述べられています。つまりCédric Guillouxの研究の目的は「動物がどうやって顔を認識しているか」を知ることにあり、設問のように「人間がどうやって顔を認識しているか」を問題にしていたわけではありません。

(3) Les intelligences artificielles ne sont pas capables de repérer précisément des visages dans une foule.「人工知能は群衆のなかでは顔を正確に特定することができない」

設問(3)に対応する本文の記述は第2段落の前半にあり、ここでは « Nous le faisons sans effort, tandis que les intelligences artificielles ont souvent beaucoup de difficultés à reconnaître des visages dans des situations complexes »「われわれ人間にとっては造作のないことだが、人工知能にとっては複雑な状況下における顔の認識にはしばしば多くの困難がともなう」という Cédric Guilloux の見解が引用されたあと、「複雑な状況」の具体例として localiser une personne particulière dans une foule「群衆のなかで特定の人物を見つけだす」ケースがあげられています。論の骨子は、「雑踏のような複雑な状況下では、人工知能は人間と同じように正確に個々の顔を認識できるわけではない」ということですから、「人工知能は人混みのなかでは顔を正確には特定できない」という(3)の記述は、本文の内容と一致することになります。

(4) Les résultats de l'étude pourraient être utiles pour concevoir une intelligence artificielle qui simule la façon dont les humains reconnaissent les visages.「この研究の結果は、人間が顔を認識する方法を再現できるような人工知能の考案に役立つ可能性がある」

本文では、第4段落の末尾でふたたび人工知能の話題が取り上られています。ここでは、人間と同様、ミツバチやスズメバチも全体の目鼻だちにもとづいて人の顔を認識しているという研究の結果をふまえ、Ces résultats pourraient également fournir de nouvelles pistes d'exploration dans le développement d'intelligences artificielles capables d'identifier globalement un ensemble de traits et, donc, plus performantes dans la reconnaissance faciale.「この結果はまた、全体の顔だちを総合的に判別することが可能な、つまり、より顔認識にすぐれた人工知能の開発に向けて新たな研究の道筋をもたらす可能性がある」と述べられており、(4)は本文の内容に一致します。

(5) On ne sait pas pourquoi les abeilles et les guêpes ont eu besoin d'apprendre à reconnaître les visages humains.「ミツバチとスズメバチが、なぜ人間の顔を認識できるようになる必要があったのかはわかっていない」

ミツバチとスズメバチが人間のそれに似た顔の認識能力をもつ点に関して、第4段落の冒頭では、Bien que rien dans leur évolution ne semble nécessiter de reconnaître des visages humains, il semblerait donc qu'ils en aient néanmoins développé la capacité.「進化の過程で（ミツバチやスズメバチが）人間の顔の認識を必要とするような事情はなにもなかったようだが、それでも彼らはその能力を発達させたことになる」と述べられており、ミツバチとスズメバチがこの能力の獲得を必要とした理由は不明であるとする(5)は本文の内容と一致します。

(6) Quand nous reconnaissons les visages humains, nous les percevons dans leur globalité sans identifier aucun trait spécifique.「人間の顔を認識する際、私たちはそれを全体として知覚しており、個々の特徴はいっさい識別していない」

人間が顔を認識する方法については、本文第2段落の後半にくわしい説明があり、Pour reconnaître les visages, les humains emploient en effet une approche holistique : au lieu de simplement identifier certains traits spécifiques, nous les associons pour former une image globale, constituant une combinaison unique.「顔を認識する際、人間は事実全体的アプローチを用いている。つまり、単にいくつかの固有の特徴を識別するのではなく、総合的なイメージを作るためにそれらを結びつけ、唯一の組み合わせを作りあげているのである」と述べられています。人間は顔だちを構成する個々の特徴を認識していないのではなく、それらの特徴を組み合わせて全体としてのイメージを作っているということですから、(6)は本文の内容と一致しません。

得点率は(1) 62%、(2) 53%、(3) 73%、(4) 82%、(5) 71%、(6) 69%、問題7全体では68%でした。

解答　(1) ②　(2) ②　(3) ①　(4) ①　(5) ①　(6) ②

8 **解説** 長文を読み、その内容を、設問にしたがって日本語で要約する問題です。設問に対応する本文の記述は1ヵ所とはかぎらず、解答にあたっては、単に文章の一部を訳すのではなく、全体の論旨に目を配らなければなりません。キーワードをおさえながら、指定された字数内で簡潔な日本語にまとめます。

今回の出題は、ある作家がモロッコのTanger近郊に築いた庭園に関する文章です。

(1)「Jacques Richard の庭園の特徴は何であると筆者は述べていますか」

筆者は第1段落で、植物学者でもある作家 Jacques Richard が庭作りを思い立った経緯を述べたあと、第2段落では実際の造園のようすを説明しています。筆者はここで、Jacques Richard による造園の目的が sauver des milliers d'espèces végétales locales「この地方の多くの種類の植物を救うこと」にあったと記していますが、第3段落では、これを敷衍する形で、作家自身のことばを引用し、Jacques Richard n'y cultive que « des végétaux menacés par l'urbanisation qui défigure le nord du Maroc [...] »「Jacques Richard は自分の庭で、「モロッコ北部の景観を損ないつつある都市化の進展によっておびやかされている植物」だけを育てている」と述べています。「庭園の特徴」を問う(1)については、以上の内容をまとめ、「(絶滅の)危機に瀕している植物のみが栽培されている」という点を軸に、庭作りの背景をなす「モロッコ北部の都市化の進行」に言及すればよいでしょう。解答例の「都市化が進むモロッコ北部で絶滅の危機にあった植物だけを育てていること」のほか、「モロッコ北部の都市化の進行によって失われつつある植物に特化した栽培をおこなっている」なども可能です。本文には、庭園で育てられている植物の種類について、ne ... que を用いた限定があり、日本語による要約でもこの点を反映した表現が求められることになります。得点率は44%でした。

(2)「筆者によれば、Jacques Richard の庭園は地域の人々にどのような影響をあたえましたか」

本文では、Richard の庭園が地域の住民におよぼした影響について、第2段落と第3段落の2ヵ所に言及があります。まず第2段落では、Il (= Jacques Richard) s'est fait aider par les habitants des villages d'alentour et a embauché au total plus de 600 personnes.「(造園にあたって) Jacques Richard は周辺の村の住人たちの協力をあおぎ、のべ600人以上を雇用した」とあり、この部分は「造園による雇用の創出」という形でまとめることができます。また、第3段落の後半では、De plus, ce projet a grandement aidé la population locale.「そのうえ、この計画は地域の人々に大きな恩恵をもたらした」という記述につづいて、その具体的な内容が説明されています。すなわち、庭が作られる以前は、[...] les femmes du village devaient marcher plus de trois kilomètres pour chercher de l'eau à la source.「村の女性たちは水源まで水を汲みにいくのに3キロ以上歩かなければならなかった」が、Dans son jardin, Jacques Richard a creusé un puits de 90 mètres de profondeur et l'a rendu accessible à tous.「Jacques Richard は自分の庭に深さ90メートルの井戸を掘って人々に開放した」ということですから、2点目に関しては、「井戸の掘削によって女性たちの労苦が解消された」という内容を述べればよいでしょう。1点目の「造園による雇用の創出」と合わせ、設問(2)の「庭園が地域の人々にあたえた影響」については、「造園によって雇用の機会が生まれ、井戸を掘って一般に開放することで女性たちの苦労を解消した」といった解答を考えることができます。得点率は37%でした。

問題 8 全体の得点率は40%でした。

解答例 (1) 都市化が進むモロッコ北部で絶滅の危機にあった植物だけを育てていること。(35字)

(2) 造園によって雇用の機会が生まれ、井戸を掘って一般に開放することで女性たちの苦労を解消した。(45字)

9

解説 和文仏訳の問題です。日本語の文章の内容をよく吟味したうえで、文意をそこなわないように留意しながら、フランス語として自然な文を組み立てます。逐語訳を避けつつ、なるべく平易で簡潔な文を作るように心がけるとよいでしょう。

今回の出題は、オーストラリアから来た留学生が日本の大学生の「女子力」の高さに驚くという内容の文章です。

第1文：「最近、オーストラリアから来た留学生です」

訳例：Je suis une étudiante récemment arrivée d'Australie.

「最近」は、récemment のかわりに depuis peu、depuis peu de temps などでもよく、第1文は Je suis étudiante arrivée depuis peu d'Australie / arrivée d'Australie depuis peu de temps. のように言いかえても同じです。あるいは「近接過去」の venir de + *inf.* を使って「最近来たばかり」という意味合いを表わしてもよく、その場合は Je suis étudiante et je viens d'arriver d'Australie. / Je suis une étudiante australienne et je viens juste d'arriver. 等の訳が考えられます。「留学生」は単に étudiante「学生」でかまいませんが、

日本語の「留学」にあたる部分をあえて訳すのであれば、étudiante échangée、étudiante en échange すなわち「交換留学生」とするか、または étudiante étrangère「外国人学生」のような言い方を用い、Je viens d'arriver d'Australie comme étudiante échangée / en échange. とすることも可能です。

第2文：「同じ女性ながら、日本の大学では学生たちの女子力の高さに驚かされます」

訳例：Étant femme moi-même, je suis étonnée du haut niveau de féminité des étudiantes dans les universités japonaises.

「同じ女性ながら」は、訳例のように分詞 étant を使えばすっきりとした表現が可能です。動詞を用いずに En tant que femme (moi-même), としてもよいでしょう。「驚かされる」は、je m'étonne、je suis surprise (stupéfaite) でもかまいません。「女子力の高さ」は、du haut degré de féminité、de la suprême (la haute / l'extrême / l'extraordinaire / la puissante / la prodigieuse) féminité なども可能で、この場合、形容詞は haute 以外は féminité のあとに置くこともできます。「女子力」は、ここでは単に féminité「女性らしさ」という訳語をあてておきましたが、「女性らしさの強調」あるいは「女性らしさへのこだわり」といった意味合いをもたせるのであれば、féminité ostentatoire、ostentation genrée、sophistication de leur apparence genrée、insistance sur leur identité de genre など、さまざまな言い方が工夫できそうです（genré は genre から派生した形容詞で、元の名詞 genre は「文法的な性」という従来の用法にくわえ、近年では「社会的に形成された性や性差」すなわち「ジェンダー」の意味で用いられることも多くなっています）。

第3文：「多くの女子学生がきちんとお化粧し、おしゃれな服を着て、ヒールを履いて登校しているからです」

訳例：Beaucoup d'entre elles, en effet, sont maquillées avec soin, portent des vêtements élégants et des talons hauts quand elles se présentent à l'université.

「多くの女子学生」は、Nombre d'entre elles または単に Beaucoup でもよく、あるいは nombreux のような形容詞を使って Elles sont nombreuses (à être maquillées [...]). とすることもできます。「きちんとお化粧し」は、maquillées avec soin のかわりに parfaitement (très bien / soigneusement /

méticuleusement) maquillées なども可能ですが、形容詞 maquillé を名詞 maquillage にかえ、Beaucoup d'entre elles, en effet, ont un maquillage parfait (soigné) [...]. のように訳してもよいでしょう。「おしゃれな服を着る」は、avoir des vêtements élégants、porter une tenue élégante などのほか、vêtu や habillé のような形容詞を avec élégance とともに用い、Beaucoup d'entre elles, en effet, sont [...] vêtues (habillées) avec élégance [...]. とすることも可能です。「登校する」は、se présenter (venir) à l'université ですが、接続詞 quand を用いずに pour aller à l'université としてもかまいません。

第 4 文：「朝早い授業もあるのに、どうしてそこまでできるのでしょう」

訳例：Pourtant il y a aussi des cours très tôt le matin : comment peuvent-elles arriver à faire tout cela ?

「(朝早い) 授業もある」は、不定冠詞を省略し、Il y a aussi (On a aussi) cours très tôt とすることもできます。「どうしてそこまでできるのでしょう」は、comment arrivent-elles à faire tout cela ? あるいは comment est-ce possible ? でもよく、また、[...] je me demande comment elles peuvent arriver à faire tout cela. という間接疑問の構文を用いることも可能です。faire tout cela のかわりに、「そこまで」の具体的な内容をおぎなって、prendre un tel soin d'elles、être si féminines などとしてもよいでしょう。

得点率は 33％でした。

解答例 Je suis une étudiante récemment arrivée d'Australie. Étant femme moi-même, je suis étonnée du haut niveau de féminité des étudiantes dans les universités japonaises. Beaucoup d'entre elles, en effet, sont maquillées avec soin, portent des vêtements élégants et des talons hauts quand elles se présentent à l'université. Pourtant il y a aussi des cours très tôt le matin : comment peuvent-elles arriver à faire tout cela ?

書き取り・聞き取り試験

解説・解答

書き取り試験

解説 書き取り試験では、聞き取った音を正確につづるだけではなく、形容詞や過去分詞の性数一致など、音としては現れない要素にも留意し、文法的に破綻のない文を組み立てる「統辞レベル」での配慮が不可欠です。アクサンの向きをふくめ、明確に判読できない場合、また point の指示のあと、文の冒頭が大文字で書き始められていない場合は誤答と見なされます。

なお、フランスでは近年つづり字法の改革が進み、新たな規則では、たとえば意味上の区別にかかわらない場合、i や u の上のアクサン・シルコンフレクスは省略されるのが原則です（aîné → ainé、dûment → dument など）。仏検では、出題・解答例とも従来のつづり字を採用していますが、書き取りをはじめとする記述式の試験では、解答に際し、新旧どちらの表記を用いてもかまいません。

今回の出題は1人称の談話文で、看護士の女性が、「路上に車を停めて携帯電話を使っていたら違反行為として罰せられた」という経験を語っています。

❶ つづりおよび聴取レベル

第2文の embouteillage「渋滞」については、*emboutaillage*、*enbouteillage* などのつづりのミスのほか、*un bouteillage* のような存在しない語を記している解答も見うけられました。*enbouteillage* のように em を en とする誤りはしばしば目にするものですが、「b、m、p の前では、an、en、in、yn 等はそれぞれ am、em、im、ym にかわる」（ex. endosser / embrasser、infiltrer / imposer、syndicat / symphonie）といったつづり字に関する基本的な知識があれば、この種のミスは避けることができます。第4文では contrôlée を *controlée*、*côntrolée* としたアクサン・シルコンフレクスにかかわる誤記のほか、à l'arrêt「停車中の」の arrêt を *allé* とした例もあったようです。このような r と l のとりちがえがとくに多かったのは第8文の j'ai été verbalisée「(違反の）調書を取られた」の部分で、過去分詞 verbalisée を *bervalisée* とつづっているケースがめだちました。第5文では 135 euros d'amende「135ユーロの罰金」の部分に誤りが集中しており、amende を *amande* としたつづりのミスにくわえ、*amendes* という複数形を用いた誤答も少なくありませんでした。この言い方は、たとえば本文の末尾にある deux heures de retard「2時間の遅れ」と同じで、six mois de prison「6ヵ月の禁固」、dix ans de mariage「10年の結婚生活」など、〈数量 + de + 無冠詞名詞〉の表現では、名詞は一般に単数で用います。また第6文の véhicule「車両」に関しては、*véhicle* のような、英語のつづり（vehicle）との混同にも注意が必要です。

❷ 統辞レベル

このレベルの誤りで今回多かったのは、第3文から第4文にかけての過去時制の聞き取りで、半過去と複合過去をとりちがえているケースです。まず第3文の [...] j'ai voulu prévenir mon client que j'étais bloquée sur la route.「(渋滞のために）動きがとれなくなっていることを患者に知らせたかった」では、que 以下を複合過去で j'*ai été* bloquée としている解答が多く、「主節が過去時制の文で、従属節が「過去における現在」を表わすとき、従属節の動詞は半過去を用いる」という時制の一致の規則の理解が十分でないことがわかります。この文では主節の動詞が j'ai voulu prévenir という複合過去ですから、従属節で述べられる内容（「動きがとれなくなっていた」）が主節との「同時性」を示す場合、従属節には半過去 j'étais bloquée を用いなければなりません。一方、第4文の Et j'ai été contrôlée juste au moment où j'utilisais mon téléphone dans ma voiture à l'arrêt.「停車中に車内で携帯電話を使っていたまさにそのときに取締りを受けたのです」では、上とは逆に、複合過去の j'ai été contrôlée を半過去の j'*étais* contrôlée と聞き誤っているケースがめだちました。ここでは「複合過去と半過去が併用される場合、半過去は複合過去によって提示される行為や出来事の背景となる状況を示す」という原則を思い出せばよく、この文では j'utilisais mon téléphone「携帯を使っていた」という状況を背景に、「取締りを受けた」という「行為・出来事」が述べられていることから、「取締りを受けた」については、複合過去の j'ai été contrôlée を用いるのが適切であることがわかります。なお、この文章では、第2文の j'ai été prise の部分で話者が女性であることが判断できるので、上記の j'étais bloquée、j'ai été contrôlée のほか、第 8 文の j'ai été verbalisée など、1 人称の je を主語にした受動態の表現では、いずれも過去分詞に女性形を用いることになります。

このほか第 5 文の au volant は「運転中に」という意味の表現で（volant は「ハンドル」の意）、これをジェロンディフのように解した *en* volant「飛行中に」ではもちろん意味をなしません。また、第 6 文の [...] je ne me doutais pas qu'un véhicule arrêté sur la chaussée était considéré comme étant en circulation.「路上に停車している車が走行中と見なされるとは思っていませんでした」では、再帰代名詞の me を落とし、*je ne doutais pas* とした解答が少なくありませんでした。この文では、que 以下の従属節に était considéré という直説法が用いられている点を考えても、主文の動詞が（接続法を要求する）douter「疑う」ではなく se douter「思う」であることが判断できるはずですが、そもそも *je ne doutais pas* では、「（路上に停車している車が走行中であると見なされることを）疑っていなかった」と述べることになってしまい、前後の文意が通りません。同じ第 6 文では文末の comme étant en circulation も難所の 1 つになっており、この部分を正確に書き取るには、être en circulation「走行中の」という言い方が、前置詞 comme のあとで現在分詞 étant の形で用いられている、という文法的な判断が必要です。

書き取り試験全体の得点率は 55%でした。

解答 Je travaille comme infirmière à domicile et me déplace toujours en voiture. Hier, j'ai été prise dans un embouteillage. De peur d'arriver en retard à mon rendez-vous, j'ai voulu prévenir mon client que j'étais bloquée sur la route. Et j'ai été contrôlée juste au moment où j'utilisais mon téléphone dans ma voiture à l'arrêt. Je savais que l'usage du téléphone au volant était sanctionné de 135 euros d'amende. Mais je ne me doutais pas qu'un véhicule arrêté sur la chaussée était considéré comme étant en circulation. Dans mon cas, en plus, le moteur n'était pas éteint. Bref, ayant utilisé mon téléphone dans ma voiture, j'ai été verbalisée. Et je suis arrivée au travail avec deux heures de retard.

聞き取り試験

1

(1) Non, dans un (　　　) qui n'est pas (　　　) de chez elle.
(2) Pour se retrouver en (　　　) dans un endroit (　　　).
(3) Elle apprend que (　　　) n'est pas un (　　　).
(4) Ce sont non seulement des catholiques (　　　) mais aussi des (　　　).
(5) Non, mais elle considère qu'ils savent (　　　) et que personne ne se sent (　　　).

(読まれるテキスト)

Le journaliste : Vous partez bientôt en vacances. Où allez-vous cette année ?

Christine : Depuis 30 ans, je passe mes vacances dans un monastère assez près de chez moi.

Le journaliste : Pourquoi choisissez-vous ce lieu un peu particulier ?

Christine : Aujourd'hui tout va très vite et ce n'est pas mon truc. J'ai souvent besoin de me retrouver en profondeur dans la tranquillité.

Le journaliste : Pourtant, quand vous ressortez du monastère, la réalité de la vie n'a pas changé.

Christine : Non, mais on l'accueille autrement ; on y replonge avec confiance. Dans un monastère, on apprend que rien n'est un échec.

Le journaliste : Y a-t-il d'autres personnes qui font comme vous une retraite estivale dans des couvents ?

Christine : Oui, de plus en plus de gens y font des retraites : non seulement des catholiques pratiquants comme moi mais aussi des athées. Ils ont besoin d'être écoutés.

Le journaliste : Les moines ne sont pourtant pas des psychanalystes.

Christine : Non, mais ils savent écouter. On ne se sent pas jugé mais accueilli dans tout ce qu'on est et dans tout ce qu'on a fait.

（読まれる質問）

un : Christine loge-t-elle dans un hôtel pendant ses vacances ?

deux : Pourquoi Christine choisit-elle un lieu aussi particulier ?

trois : Qu'est-ce que Christine apprend pendant ses vacances ?

quatre : Quels sont les gens qui font des retraites ?

cinq : Christine pense-t-elle que les moines soient des psychanalystes ?

解説 フランス語の文章とその内容に関する質問を聞き取り、質問に対する答えの文を、空欄をうめる形で完成させる問題です。設問によっては、聞き取った語をそのまま転記するだけではなく、内容のパラフレーズが必要な場合があり、解答には、文意の把握と同時に、派生語や表現に関する知識が求められます。

聞き取り1では、インタビュー形式の対話文が出題されることが多く、今回は、毎年修道院で夏のバカンスを過ごしているという女性がインタビュアーの質問に答えています。

(1) Christine loge-t-elle dans un hôtel pendant ses vacances ?「Christine はバカンスの間ホテルに宿泊しているのですか」

Vous partez bientôt en vacances. Où allez-vous cette année ?「間もなくバ

カンスに出発ですが、今年はどこに行くのですか」というインタビュアーの質問に対し、Christineは、Depuis 30 ans, je passe mes vacances dans un monastère assez près de chez moi.「30年来、私は近所にある修道院でバカンスを過ごしています」と答えています。応答文の1つ目の空欄にはmonastère「修道院」がそのまま入りますが、このmonastèreを説明している関係詞節のqui以下が否定ですから、「近所の」に相当する部分は本文のassez prèsをpas loinで言いかえ、Non, dans un (monastère) qui n'est pas (loin) de chez elle. とすることになります。loinのかわりにéloignéとしてもよく、またmonastèreにかえて同じ意味のcouventでもよいでしょう。

得点率はそれぞれ62%と75%でした。

(2) Pourquoi Christine choisit-elle un lieu aussi particulier ?「Christineはどうして（バカンスの滞在先に）このような変わった場所を選んでいるのですか」

設問とほぼ同じ内容のインタビュアーの質問に対し、Christineは、Aujourd'hui tout va très vite et ce n'est pas mon truc.「なにかにつけ慌ただしい今の世の中の風潮は私には合いません」と述べ、修道院で過ごす理由について、J'ai souvent besoin de me retrouver en profondeur dans la tranquillité.「静かな場所で自分を根本から見つめなおす必要を感じることがしばしばあります」と説明しています。空欄にはそれぞれprofondeurとtranquilleが入り、Pour se retrouver en (profondeur) dans un endroit (tranquille).「静かな場所で自分を根本から見つめなおすため」が正解です。tranquilleにかえてcalmeとしてもかまいません。

得点率は順に89%と56%でした。

(3) Qu'est-ce que Christine apprend pendant ses vacances ?「Christineはバカンスの間にどんなことを学んでいますか」

Pourtant, quand vous ressortez du monastère, la réalité de la vie n'a pas changé.「ですが、修道院からもどれば、現実の生活は変わっていないわけですよね」というインタビュアーの指摘に対し、Christineは、仮に現実の生活そのものに変化はないとしても、修道院で過ごしたあとではon y replonge avec confiance「自信をもってそのなかに飛び込むことができる」と述べ、Dans un monastère, on apprend que rien n'est un échec.「修道院では、何事も失敗ではないということを学ぶのです」と語っています。(3)の質問に対する応答文はChristineの説明の最後の部分を繰り返したものですから、空欄にはそれぞれrienとéchecが該当します。

得点率は81%および68%でした。

(4) Quels sont les gens qui font des retraites ?「(バカンスの間に) 修道院に隠遁するのはどのような人々ですか」

retraite「隠遁」は、ここではChristineのように一定の期間日常の生活を離れ、修道院のような場所で黙想の時間を過ごすことを指しています。Y a-t-il d'autres personnes qui font comme vous une retraite estivale dans des couvents ?「あなたのように夏の間修道院に籠もって過ごす人はほかにもいるのですか」と尋ねられたChristineは、[…] de plus en plus de gens y font des retraites : non seulement des catholiques pratiquants comme moi mais aussi des athées.「私のようなカトリックの信者だけではなく、無信仰の人もふくめ、ますます多くの人々がそこで隠遁するようになっています」と答えており、Ce sont non seulement des catholiques (pratiquants) mais aussi des (athées).「カトリックの信者だけではなく、無信仰の人も」が正解です。athées のかわりにincroyantsでもかまいません。pratiquantは「教会の戒律を守る(人)」という意味で、形容詞あるいは名詞として用いますが、一般にはミサなどのために日常的に教会に通う人々を指し、単なる「信者」croyantとは区別されます。

得点率はそれぞれ63%と20%でした。

(5) Christine pense-t-elle que les moines soient des psychanalystes ?「修道士たちは精神分析の専門家だとChristineは考えていますか」

人々が修道院に隠遁する理由について、Christineは、Ils ont besoin d'être écoutés.「彼らは自分の話を聞いてもらいたいのです」と説明していますが、これに対し、インタビュアーがLes moines ne sont pourtant pas des psychanalystes.「ですが、修道士たちは精神分析の専門家ではありません」と応じると、Christineは、Non, mais ils savent écouter.「そのとおりですが、彼らは人の話に耳を傾けることができます」と述べています。Christineはつづけて、On ne se sent pas jugé mais accueilli […].「(修道士との対話では) 自分が裁かれているのではなく、受け入れられていると感じるのです」

と語っていることから、空欄にはそれぞれ écouter と jugé が入り、Non, mais elle considère qu'ils savent (écouter) et que personne ne se sent (jugé). が正解です（「(Christine は修道士たちが精神分析の専門家であるとは思っていないが、）彼女の考えでは、彼らは人の話を聞くことができるし、（修道士たちとの対話では）だれも自分が裁かれているようには感じない」）。

得点率は順に 72%と 25%でした。2つ目の空欄に該当する過去分詞 jugé の得点率が低かったのは、不定詞 *juger* を用いた誤答のほか、女性形の *jugée* という解答が多かったためですが、この文の personne は ne とともに否定表現を作る不定代名詞ですから、名詞の場合とはことなり、形容詞や過去分詞との性数の一致は起こらないことに注意してください。

聞き取り 1 全体の得点率は 61%でした。

解答　(1) (monastère) (loin)　(2) (profondeur) (tranquille)
(3) (rien) (échec)　(4) (pratiquants) (athées)
(5) (écouter) (jugé)

2

（読まれるテキスト）

Je suis acteur et, l'année dernière, je suis allé au Canada pour travailler dans un théâtre pendant un mois, avec un contrat de 10 000 dollars canadiens, l'équivalent de 6 500 euros. Mais, pendant une répétition, je suis tombé du haut d'une échelle de quatre mètres. Je me suis fracturé un os de la cheville. J'ai été transporté à un hôpital de Montréal où je suis resté pendant trois jours. Cela m'a coûté 800 dollars et, en plus, mon contrat a été annulé. Après mon retour en France, j'ai eu une bonne surprise : l'hôpital m'a envoyé un chèque de 27,50 dollars, l'équivalent de 18 euros. En effet, comme je n'étais resté à l'hôpital que quelques heures la dernière journée, je ne devais pas payer les deux derniers repas de ce jour-là. Je suis allé tout de suite à ma banque pour encaisser le chèque. Un mois plus tard, stupéfaction ! Sur mon relevé de compte, j'ai bien trouvé un versement de 18 euros mais j'ai aussi constaté qu'on m'avait retiré 38 euros de commission ! J'ai demandé des explications et on m'a dit que, pour un petit montant en devises étrangères, le règlement par chèque n'était pas le plus avantageux. Sauf pour la banque, bien sûr ! Surtout, j'aurais dû être averti de cette commission quand j'ai déposé le chèque. Finalement, la banque a accepté exceptionnellement de me reverser 20 euros mais, en fin de compte, je suis perdant.

（読まれる内容について述べた文）

un : Louis est allé au Canada pour travailler bénévolement dans un théâtre.

deux : Louis s'est blessé à la première représentation.

trois : Louis s'est fait une entorse à la cheville.

quatre : Le contrat de Louis n'a pas été rompu.

cinq : Louis a reçu un chèque de 27,50 dollars le jour de sa sortie de l'hôpital.

six : Louis a passé 72 heures dans un hôpital de Montréal.

sept : Louis a réussi à encaisser le chèque de 27,50 dollars.

huit : Selon Louis, le règlement par chèque d'un petit montant en devises étrangères est avantageux pour la banque.

neuf : La banque n'avait pas averti Louis de la commission de 38 euros.

dix : C’est à titre exceptionnel que la banque a partiellement remboursé Louis.

解説　ある程度の長さの文と、その内容についた述べた設問の文を聞き取り、後者の内容が前者と一致するかどうかを判断する問題です。

今回出題された文章は、俳優の Louis がカナダでの仕事の不運な顛末について語ったものです。聞き取り[2]では、この文章のような 1 人称の談話文か、または 3 人称の説明文の出題が定型となっています。

(1)　Louis est allé au Canada pour travailler bénévolement dans un théâtre.「Louis はある劇場で無償で働くためにカナダに行った」

本文の冒頭で、Louis は、[…] je suis allé au Canada pour travailler dans un théâtre pendant un mois, avec un contrat de 10 000 dollars canadiens […].「私は 1 万カナダ・ドルの契約を交わし、ある劇場で 1ヵ月間働くためにカナダに行きました」と述べており、カナダでの仕事では報酬を受け取る予定だったことがわかります。日本語の「ボランティア」に対応するフランス語は、bénévole、volontaire の 2 つがありますが、volontaire が「自由意志」による志願者を指し、報酬の有無とは無関係に使用されるのに対し、bénévole は「無償奉仕」の場合に限って用いられるので、両者の語義の差に注意が必要です。

(2)　Louis s’est blessé à la première représentation.「Louis は最初の公演で（公演初日に）負傷した」

Louis は、怪我をした状況について、[…] pendant une répétition, je suis tombé du haut d’une échelle de quatre mètres.「リハーサルの間に、高さ 4 メートルのはしごの上から落ちた」と述べていますから、(2)は本文の内容と一致しません。

(3)　Louis s’est fait une entorse à la cheville.「Louis は踝《くるぶし》を捻挫した」

はしごの上から落ちた結果、Louis は、Je me suis fracturé un os de la cheville.「踝《くるぶし》を骨折した」と述べています。「捻挫」と「骨折」ではもちろん意味がことなりますから、(3)は本文の内容と一致しません。今回の聞き取り[2]では、(3)のみ得点率が3割程度と極端に低く、se faire une entorse「捻挫する」という表現にあまりなじみがなかったことがうかがわれます。

(4) Le contrat de Louis n'a pas été rompu.「Louisの契約は破棄されなかった」

Louisはつづけて、J'ai été transporté à un hôpital de Montréal où je suis resté pendant trois jours.「モントリオールの病院に運ばれ、3日間入院しました」と述べ、Cela m'a coûté 800 dollars et, en plus, mon contrat a été annulé.「そのために800ドルかかったうえ、私の契約は破棄されたのです」と説明しています。

(5) Louis a reçu un chèque de 27,50 dollars le jour de sa sortie de l'hôpital.「Louisは退院した日に27.5ドルの小切手を受け取った」

病院から小切手を受け取った経緯について、Louisは、Après mon retour en France, j'ai eu une bonne surprise : l'hôpital m'a envoyé un chèque de 27,50 dollars, l'équivalent de 18 euros.「フランスにもどったあと、私は思いがけないプレゼントを受け取りました。病院が27.5ドル、つまり18ユーロ相当の小切手を送ってきたのです」と述べており、Louisは退院の日に小切手を受け取ったわけではありません。

(6) Louis a passé 72 heures dans un hôpital de Montréal.「Louisはモントリオールの病院で72時間過ごした」

設問(4)で見たように、Louisはモントリオールの病院に「3日間いた」と説明していますが、病院が27.5ドルを返金した理由について、En effet, comme je n'étais resté à l'hôpital que quelques heures la dernière journée, je ne devais pas payer les deux derniers repas de ce jour-là.「実際、3日目は病院に数時間しかいなかったのだから、この日の昼食と夕食の分は支払う必要がなかったのだ」と述べており、Louisが病院で過ごした時間は72時間に満たないことがわかります。

(7) Louis a réussi à encaisser le chèque de 27,50 dollars.「Louisは27.5ドルの小切手を換金することができた」

小切手を受け取ったLouisはすぐに銀行に行って換金の手続きをおこない

ますが、1ヵ月後、通帳を見たLouisは目を疑います。[…], j'ai bien trouvé un versement de 18 euros mais j'ai aussi constaté qu'on m'avait retiré 38 euros de commission !「たしかに18ユーロが振り込まれていたものの、同時に手数料として38ユーロが引き落とされていたのである」。この場合、手数料の件は別にしても、小切手の額面27.5ドルに相当する18ユーロが振り込まれていたことは事実ですから、(7)は本文の内容と一致することになります。

(8) Selon Louis, le règlement par chèque d'un petit montant en devises étrangères est avantageux pour la banque.「Louisによれば、額面が少額の場合、外貨建ての小切手による決済は銀行の得になる」

銀行から、[…] pour un petit montant en devises étrangères, le règlement par chèque n'était pas le plus avantageux.「外貨建てで額面が少額の場合、小切手による決済はかならずしも有利ではない」という説明を受けたLouisは、Sauf pour la banque, bien sûr !「もちろん銀行にとって以外は」という皮肉を述べており、(8)は本文の内容と一致します。

(9) La banque n'avait pas averti Louis de la commission de 38 euros.「銀行は38ユーロの手数料についてLouisに説明していなかった」

Louisはつづけて、Surtout, j'aurais dû être averti de cette commission quand j'ai déposé le chèque.「なによりも、私が小切手を持ち込んだときに、銀行は手数料について私に説明しておくべきだったのです」と述べています。この場合、j'aurais dû être averti「(手数料について) 知らされるべきだった」という条件法過去の記述は「過去において実現しなかった行為・出来事」を示しており、直説法で言えばje n'ai pas été averti「知らされていなかった」と同義ですから、(9)は本文の内容と一致することになります。

(10) C'est à titre exceptionnel que la banque a partiellement remboursé Louis.「銀行がLouisに (手数料の) 一部を払いもどしたのはあくまで例外的な措置である」

Louisは最後に、Finalement, la banque a accepté exceptionnellement de me reverser 20 euros mais, en fin de compte, je suis perdant.「結局銀行は例外的な措置として私に20ユーロを返金することに応じたが、要は私が損を

したことにかわりはない」と述べており、⑽は本文の内容と一致します。病院から返金された18ユーロは結局Louisの手元には残らなかったわけですから（Louisは小切手の額面18ユーロと払いもどしの20ユーロで計38ユーロを受け取っている一方、手数料として38ユーロを銀行に支払っています）、Louisが「損をした」と嘆くのも無理はありません。

得点率は⑴94%、⑵90%、⑶31%、⑷87%、⑸81%、⑹60%、⑺66%、⑻80%、⑼56%、⑽93%、聞き取り2全体では74%でした。

解答　⑴ ②　⑵ ②　⑶ ②　⑷ ②　⑸ ②
⑹ ②　⑺ ①　⑻ ①　⑼ ①　⑽ ①

1次試験配点表

筆記試験	1	2	3	4	5	6	7	8	9	小計	書き取り	小計	聞き取り	1	2	小計	計
	12点	8	8	5	10	10	12	15	20	100		20		20	10	30	150

2 次 試 験

試験方法

(a) 試験は個人面接の形でおこなわれます。
面接委員はフランス人1人+日本人1人です。

(b) 試験室に入室する3分前に**A**、**B**一組の問題を渡されます。
A、**B**どちらかの問題を選び、3分間程度の論述 exposé をまとめます。

(c) 入室すると面接委員が本人確認をおこないます。

(d) 用意した論述をおこないます。

(e) 論述の内容をふまえ、面接委員との間で質疑応答をおこないます。

(f) 試験時間は入室から退室まで、全体で約9分間です。

解 説

2次試験の問題は**A**、**B**　2つのテーマからなり、いずれか1つを選択します。**A**は政治や経済、社会などに関する、どちらかといえば時事的な話題、**B**はより日常的、一般的な話題を扱ったものです。今季の出題は以下のとおりでした。

【日本】

1. **A)** しばらく前から多くの中高年が仕事をせずに家に引きこもり、深刻な問題となっています。この現象についてどう思いますか。
   B) 日本では電子マネーがなかなか浸透しないと言われますが、あなたはどう考えますか。

2. **A)** 返済の義務をともなう日本の奨学金制度が多くの受給者を圧迫していることをどう考えますか。
   B) 国内外での多くの批判にもかかわらず、日本は商業捕鯨を再開しました。この問題についてどう考えますか。

【パリ】

1. **A)** フランスの大企業は貧困の問題には無関心であるにもかかわらず、パリのノートル=ダム大聖堂の修復には協力を惜しまないことを批判する意見があります。あなたはどう考えますか。

B) 日本が今後も元号による日付の表記を維持するメリットはあると思いますか。

2. **A)** 日本の刑事司法制度は人権に関する国際基準を満たしていないという批判をどう考えますか。

B) フランス人は英語ができないという主張は今や時代遅れの紋切り型にすぎないものでしょうか。

2次試験では、選択したテーマに関する受験者のexposé（口頭論述）と質疑応答をもとに、2人の面接委員が、論述の内容、質疑応答の能力およびフランス語の能力について、以下の3つの基準に沿って評価をおこないます。

(1) **論述の内容**

論述に論理的な構成があり、主張が具体例にもとづいて説得的に提示されていること。

(2) **質疑応答の能力**

面接委員の質問に的確に応答し、自分の主張に対して示された意見や見解をふまえた議論の展開ができること。

(3) **フランス語の能力**

フランス語の発音、文法が正確であること。語彙、表現が豊かで洗練されていること。

今回の試験の場合、たとえば国内の1. では、**A**の「中高年の引きこもり」を選んでいた受験者が多かったようです。「引きこもり」それ自体は以前から見られる現象ですが、最近とくに取り沙汰されているのはその高年齢化で（内閣府の調査では、全国で約100万とされる「引きこもり人口」のうち、40～64歳の年齢層が全体の6割を占めると推計されています）、別の言い方をすれば、しばらく前から、引きこもりの「長期化」が深刻な問題となっていると考えることができます。受験者によってはこの点を考慮せず、「引きこもり」という現象一般についての議論に終始するケースも見られましたが、問題文に、beaucoup de personnes d'un âge moyen ou avancé [...]「多くの中高年が」と明記されている以上、話題の焦点がどこにあるかを見落とすべきではありません。

しばしば指摘されるように、「引きこもり」人口の増加の背景には、インターネットの普及による人間関係の希薄化というもう1つの問題が顔をのぞかせており、論述の1つの方法として、この2つの現象を関連づけた議論を考えることができそうです。ただし、インターネットの普及は年齢層にはかかわらない現象ですから、これだけではなぜ「中高年」の引きこもりが深刻化しているのかという問いに対する説明にはなりません。実際の論述でも、面接委員からこの点を指摘されると、答えに窮してしまう場面が少なくなく、このケースは、上の評価項目の(2)について「不十分」という評価になってしまいます。

また、この問題に関する質疑で論点の1つになることが予想されるのは、「引きこもり」という現象が日本に固有のものなのかどうかということです。仮に「日本に固有の現象ではないが、ヨーロッパなどにくらべれば日本のほうが多い」という説明を試みるのであれば —— 実際に多くの受験者がそのような説明をおこなっていました ——、当然その理由を示さなければなりません。想定される論拠の1つは、日本と欧米の家族関係のちがいに関するもので、日本で「引きこもり」が多いのは、子どもと親がそれぞれ自立した生活を送る欧米にくらべ、日本では子どもが親にあまえやすいから、という説明がその1例です。ただ、実際にはヨーロッパにも中年層の「引きこもり」という現象は存在し（最近では日本語のhikikomoriがそのまま使われることもあります）、「家族にあまえる日本人」と「自立したヨーロッパ人」という類型的な説明は、かならずしも説得力をもつとはかぎりません。そのようなステレオタイプを持ち出すよりは、たとえば従来はもっぱら家庭内の問題と考えられていた「引きこもり」が、その高齢化・長期化とともに、今や社会全体で取り組むべき課題になりつつあることを指摘したうえで、その点では日本の場合もヨーロッパの場合も問題の本質は変わらない、という議論を組み立てるのも1つの方法と言えるでしょう。

なお、1級の論述では、単に自分の考えが相手に伝わる、あるいは面接委員との間でやりとりが成立する、というレベルでは十分ではありません。同じ内容を述べるにも、最初から最後まで1つの語、同じ言い方を繰り返していては、上の(3)に言う、「語彙・表現の豊かさ」という点で、「十分ではない」という評価になってしまいますから、1級の2次試験では、論述そのものの内容にくわえ、「どのように語るか」という表現のレベルでの工夫にも留意が必要です。

準1級

準 1 級の内容と程度

●程 度

日常生活や社会生活を営むうえで必要なフランス語を理解し、一般的な内容はもとより、多様な分野についてのフランス語を読み、書き、聞き、話すことができる。ヨーロッパ言語共通参照枠（CEFR）の B2 にほぼ対応しています。

標準学習時間：500 時間以上

●試験内容

読　む	一般的な内容の文章を十分に理解できるだけでなく、多様な分野の文章についてもその大意を理解できる。
書　く	一般的な事柄についてはもちろんのこと、多様な分野についても、あたえられた日本語を正確なフランス語で書き表わすことができる。
聞　く	一般的な事柄を十分に聞き取るだけでなく、多様な分野にかかわる内容の文章の大意を理解できる。
話　す	身近な問題や一般的な問題について、自分の意見を正確に述べ、相手ときちんとした議論ができる。
文法知識	文の書きかえ、多義語の問題、前置詞、動詞の選択・活用などについて、かなり高度な文法知識が要求される。

語彙：約 5,000 語

●試験形式

1 次試験（120 点）

筆　記	問題数 8 問、配点 80 点。試験時間 100 分。マークシート方式、一部記述式。
書き取り	問題数 1 問、配点 20 点。試験時間（下記聞き取りと合わせて）約 35 分。
聞き取り	問題数 2 問、配点 20 点。語記入、マークシート方式。

2 次試験（40 点）

個人面接試験	あたえられたテーマのなかから受験者が選んだものについての発表と質疑応答。 試験時間約 7 分。

準1級の傾向と対策

仏検では5級、4級を初級レベル、3級、準2級、2級を中級レベル、準1級、1級を上級レベルと位置づけています。中級レベルの最終段階にあたる2級が「日常生活や社会生活を営むうえで必要なフランス語を理解し、一般的なフランス語を読み、書き、聞き、話す」能力をはかるものであるのに対し、上級レベルの準1級では「一般的な内容はもとより、多様な分野についてのフランス語を読み、書き、聞き、話すことができる」能力が求められます。

準1級受験に対応する標準学習時間は「500時間以上」とされ、一般に4年制大学のフランス語・フランス文学専攻課程を卒業しただけでは足りない勉強量を前提にしています。また、語彙の範囲は5,000語が目安とされ、まさしく「多様な分野」にわたる語彙や表現も知っていることが必要です。語彙レベルがあがりますので、当然のことながら読解問題の論理展開は2級にくらべてより複雑になり、テクストも長くなります。

こうした問題に対処するためには、日ごろからさまざまなフランス語の文章を読む習慣をつけることが必要になりますが、とくにおすすめなのが、インターネット上で閲覧可能なフランス（語圏）の新聞や雑誌です。フランスでは *Le Figaro* や *Le Monde* のような全国紙にくわえ、*Le Parisien*、*Ouest France* といったさまざまな地方紙が刊行されています。最初は自分が興味をもてる分野から始めて、慣れてきたら政治、社会、経済、国際関係、文化などできるだけ幅広く「多様な分野」の記事に挑戦してみてください。その際、ただテクストの内容理解（＝仏文和訳）にとどまるのみならず、用いられている表現、論理展開といった細部にも注意を向けてみましょう。たとえば、動詞の法や時制の使われ方に注目すれば、筆記 [4] の動詞穴うめ問題対策に、そしてフランス語独特の論理展開に慣れておけば、筆記 [5] の選択式穴うめ問題対策になると考えられます。

また、聴解力の向上には、TV 5 Monde や France Info、Radio France Internationale (RFI) を活用するとよいでしょう。インターネット上の生きた素材を通してフランス（語圏）のニュース・時事問題にふれ、論点を整理しておくことは、2次試験の対策にもつながります。

例年、筆記 [1] ～ [3] の語彙問題は多くの受験者が苦戦するところですが、豊かな語彙力の獲得には辞書に親しむことも大切です。また準 1 級レベルでは、仏和辞典、和仏辞典のみならず、*Le Petit Robert* のような仏仏辞典も使いこなせることをめざしましょう。電子辞書は持ち歩くのには手軽で便利ですが、自宅で学習するときには紙の辞書を使うことをおすすめします。また、辞書をひく際には、そのときに必要な情報だけを得て満足するのではなく、周辺の情報にも関心を向け、「楽しみながら辞書を読む」ように心がけてください。準 1 級では動詞・形容詞・副詞の名詞化の問題が出題されます（筆記 [1]）が、たとえばある動詞を覚えるとき、そこから派生する形容詞や名詞もいっしょに覚えるようにすれば、こうした名詞化の問題にも対応できます（聞き取り [1] にも一部、品詞の変換にかかわる出題がなされます）。また、辞書の語の定義と用例をくまなく読むことで、多義語に関する理解を問う筆記 [2] のような問題にも自信をもって取り組めるようになるでしょう。筆記 [3]（前置詞問題）対策として、前置詞の項目をじっくり読んでみるのもよい勉強になります。前置詞については、動詞や形容詞、名詞の用法を覚える際、それらの語が形成する熟語に従属する語としてとらえられていることが少なくないように思われます。たとえば、parler de「～について話す」という表現を覚えるとき、多くの学習者はつい parler のほうに関心を向けているのではないでしょうか。しかし前置詞 de の定義を読んでみると、この熟語的表現は、目的、対象をみちびく前置詞 de の機能をもとに成り立つものであることがわかります。前置詞にはそれ自体で機能語としての役割が備わっています。前置詞の数はそれほど多くありませんので、試験直前にそれぞれの前置詞の定義に目を通しておくだけでも役立つはずです。

そして、最後に忘れてはならないのが、初級文法の復習です。筆記 [8] の和文仏訳、あるいは書き取り問題では、動詞の活用、形容詞や過去分詞の性数一致といった基本的な文法事項にかかわるケアレスミスが数多く見うけられます。受験をきめた時点で、ぜひ一通り文法書を見直し、あやふやなところがないか確認してみてください。準 1 級レベルともなると、試験問題も一筋縄でいかないものが多くなりますので、不注意による失点は避けたいところです。

教場で日々フランス語を教える立場にあると、準 1 級レベルの参考書があまりないとの相談を受けることがよくあります。しかし、まずこのレベルの学習者のみなさんに強くおすすめしたいのは、安逸に既存の参考書類に頼ることなく、上記のようなツールを活用し、多少まわり道してでも自分なりの学習スタンスを確立することです。時間と手間をかけてさまざまなフランス語にふれることに楽しみを見いだし、さらに深く究める知的好奇心をいだけるようになったとき、みなさんのフランス語力はきっと上級レベルに達しているはずです。

解答用紙（雛型）（67%縮小）

表面

2019年度　秋季　実用フランス語技能検定試験（準1級）筆記試験　解答用紙

会　場　名
氏　名

会場コード

⓪	⓪	⓪	⓪	⓪	⓪
①	①	①	①	①	①
②	②	②	②	②	②
③	③	③	③	③	③
④	④	④	④	④	④
⑤	⑤	⑤	⑤	⑤	⑤
⑥	⑥	⑥	⑥	⑥	⑥
⑦	⑦	⑦	⑦	⑦	⑦
⑧	⑧	⑧	⑧	⑧	⑧
⑨	⑨	⑨	⑨	⑨	⑨

受験番号

⓪	⓪	⓪	⓪	⓪	⓪	⓪	⓪
①	①	①	①	①	①	①	①
②	②	②	②	②	②	②	②
③	③	③	③	③	③	③	③
④	④	④	④	④	④	④	④
⑤	⑤	⑤	⑤	⑤	⑤	⑤	⑤
⑥	⑥	⑥	⑥	⑥	⑥	⑥	⑥
⑦	⑦	⑦	⑦	⑦	⑦	⑦	⑦
⑧	⑧	⑧	⑧	⑧	⑧	⑧	⑧
⑨	⑨	⑨	⑨	⑨	⑨	⑨	⑨

記入およびマークについての注意事項

1. 解答にはかならずHBまたはBの黒鉛筆（シャープペンシルも可）を使用してください。ボールペンや万年筆等でマークした解答は機械による読み取りの対象とならないため、採点されません。
2. 記入は**太線の枠内**に、マークは◯の中を**正確に塗りつぶしてください**（下記マーク例参照）。採点欄は塗りつぶさないでください。
3. 訂正の場合は、プラスチック製消しゴムできれいに消してください。
4. **解答用紙を折り曲げたり、破ったり、汚したりしないでください。**

マーク例

良い例	悪い例
●	

1

解答番号	解答欄	採点欄
(1)		② ⓪
(2)		② ⓪
(3)		② ⓪
(4)		② ⓪
(5)		② ⓪

4

解答番号	解答欄	採点欄
(1)		② ⓪
(2)		② ⓪
(3)		② ⓪
(4)		② ⓪
(5)		② ⓪

2

解答番号	解答欄
(1)	① ② ③ ④ ⑤ ⑥ ⑦ ⑧ ⑨ ⓪
(2)	① ② ③ ④ ⑤ ⑥ ⑦ ⑧ ⑨ ⓪
(3)	① ② ③ ④ ⑤ ⑥ ⑦ ⑧ ⑨ ⓪
(4)	① ② ③ ④ ⑤ ⑥ ⑦ ⑧ ⑨ ⓪
(5)	① ② ③ ④ ⑤ ⑥ ⑦ ⑧ ⑨ ⓪

5

解答番号	解答欄
(1)	① ② ③
(2)	① ② ③
(3)	① ② ③
(4)	① ② ③
(5)	① ② ③

3

解答番号	解答欄
(1)	① ② ③ ④ ⑤ ⑥ ⑦ ⑧ ⑨ ⓪
(2)	① ② ③ ④ ⑤ ⑥ ⑦ ⑧ ⑨ ⓪
(3)	① ② ③ ④ ⑤ ⑥ ⑦ ⑧ ⑨ ⓪
(4)	① ② ③ ④ ⑤ ⑥ ⑦ ⑧ ⑨ ⓪
(5)	① ② ③ ④ ⑤ ⑥ ⑦ ⑧ ⑨ ⓪

6

解答番号	解答欄
(1)	① ②
(2)	① ②
(3)	① ②
(4)	① ②
(5)	① ②
(6)	① ②
(7)	① ②
(8)	① ②

7 **8** の解答欄は裏面にあります。

7

解答番号	採点欄
(1)	⓪ ① ② ③ ④ ⑤ ⑥ ⑦
(2)	⓪ ① ② ③ ④ ⑤ ⑥ ⑦ ⑧

8

採点欄
⓪ ① ② ③ ④ ⑤ ⑥ ⑦ ⑧ ⑨
⑩ ⑪ ⑫ ⑬ ⑭

裏面

7

(1)

(2)

8

表面

2019年度　秋季　実用フランス語技能検定試験（準1級）書き取り 聞き取り 試験　解答用紙

会　場　名

氏　名

会場コード					
⓪	⓪	⓪	⓪	⓪	⓪
①	①	◯	①	①	①
②	②	②	②	②	②
③	③	③	③	③	③
④	④	④	④	④	④
⑤	⑤	⑤	⑤	⑤	⑤
⑥	⑥	⑥	⑥	⑥	⑥
⑦	⑦	⑦	⑦	⑦	⑦
⑧	⑧	⑧	⑧	⑧	⑧
⑨	⑨	⑨	⑨	⑨	⑨

受験番号							
⓪	⓪	⓪	⓪	⓪	⓪	⓪	⓪
①	①	①	①	①	①	①	①
②	②	②	②	②	②	②	②
③	③	③	③	③	③	③	③
④	④	④	④	④	④	④	④
⑤	⑤	⑤	⑤	⑤	⑤	⑤	⑤
⑥	⑥	⑥	⑥	⑥	⑥	⑥	⑥
⑦	⑦	⑦	⑦	⑦	⑦	⑦	⑦
⑧	⑧	⑧	⑧	⑧	⑧	⑧	⑧
⑨	⑨	⑨	⑨	⑨	⑨	⑨	⑨

記入およびマークについての注意事項

1. 解答にはかならずHBまたはBの黒鉛筆（シャープペンシルも可）を使用してください。ボールペンや万年筆等でマークした解答は機械による読み取りの対象とならないため、採点されません。
2. 記入は**太線の枠内**に、マークは◯の中を**正確に塗りつぶしてください**（下記マーク例参照）。
採点欄は塗りつぶさないでください。
3. 訂正の場合は、プラスチック製消しゴムできれいに消してください。
4. **解答用紙を折り曲げたり、破ったり、汚したりしないでください。**

マーク例

良い例	悪い例
●	

書き取り試験注意事項　（書き取り試験解答欄は裏面にあります。）

フランス語の文章を、次の要領で3回読みます。全文を書き取ってください。

・1回目は、ふつうの速さで全文を読みます。内容をよく理解するようにしてください。
・2回目は、ポーズをおきますから、その間に書き取ってください（句読点も読みます）。
・最後に、もう1回ふつうの速さで全文を読みます。
・読み終わってから3分後に、聞き取り試験にうつります。
・数を書く場合は、算用数字で書いてかまいません。（配点　20）

書き取り試験

採　点　欄
⓪ ① ② ③ ④ ⑤ ⑥ ⑦ ⑧ ⑨
⑩ ⑪ ⑫ ⑬ ⑭ ⑮ ⑯ ⑰ ⑱ ⑲ ⑳

聞き取り試験

1

解答番号	解　答　欄	採点欄
(1)		① ⓪
		① ⓪
(2)		① ⓪
		① ⓪
(3)		① ⓪
		① ⓪
(4)		① ⓪
		① ⓪
(5)		① ⓪
		① ⓪

2

解答番号	解　答　欄	解答番号	解　答　欄
(1)	① ②	(6)	① ②
(2)	① ②	(7)	① ②
(3)	① ②	(8)	① ②
(4)	① ②	(9)	① ②
(5)	① ②	(10)	① ②

裏面

準１級書き取り試験　解答欄

2019年度秋季
実用フランス語技能検定試験
筆記試験問題冊子 〈準 1 級〉

問題冊子は試験開始の合図があるまで開いてはいけません。

筆 記 試 験		14時50分 ～ 16時30分 (休憩20分)
書き取り 聞き取り	試験	16時50分から約35分間

◇**筆記試験と書き取り・聞き取り試験の双方を受験しないと欠席になります。**

◇問題冊子は表紙を含め12ページ、全部で8問題です。

注 意 事 項

1 途中退出はいっさい認めません。

2 筆記用具は**HBまたはBの黒鉛筆**(シャープペンシルも可)を用いてください。ボールペンや万年筆等でマークした解答は機械による読み取りの対象とならないため、採点されません。

3 解答用紙の所定欄に、**受験番号**と**カナ氏名**が印刷されていますから、まちがいがないか、**確認**してください。

4 **マーク式の解答は、解答用紙の解答欄にマークしてください。**たとえば、2の(1)に対して③と解答する場合は、次の例のように解答欄の③にマークしてください。

例 2

解答番号	解 答 欄
(1)	① ② ● ④ ⑤ ⑥ ⑦ ⑧ ⑨ ⓪

5 記述式の解答の場合、正しく判読できない文字で書かれたものは採点の対象となりません。

6 解答に関係のないことを書いた答案は無効にすることがあります。

7 解答用紙を折り曲げたり、破ったり、汚したりしないように注意してください。

8 問題内容に関する質問はいっさい受けつけません。

9 不正行為者はただちに退場、それ以降および来季以後の受験資格を失うことになります。

10 **携帯電話等の電子機器の電源はかならず切って、かばん等にしまってください。**通信機能のある時計は使用を禁じます。

11 **時計のアラームは使用しないでください。**

12 この試験問題の複製(コピー)を禁じます。また、この試験問題の一部または全部を当協会の許可なく他に伝えたり、漏えいしたりすることを禁じます(インターネットや携帯サイト等に掲載することも含みます)。

1

例にならい、次の (1) ～ (5) について、**A** のイタリック体の部分を変化させて **B** の (　　) 内に入れると、2 つの文 **A**、**B** がほぼ同じ意味になります。(　　) 内に入れるのにもっとも適切なフランス語 (各 1 語) を、解答欄に書いてください。(配点　10)

(例) **A**　Son dernier livre n'était pas *intéressant*.
B　Son dernier livre était sans (　　).

解答：intérêt

(1) **A**　À l'époque, Marthe *entravait* toutes les actions de Marie.
B　À l'époque, Marthe mettait des (　　) à tout ce que faisait Marie.

(2) **A**　Elle attendait *anxieuse* le retour de ses enfants.
B　Dans l'(　　), elle attendait le retour de ses enfants.

(3) **A**　Il espère que vous l'*appuierez*.
B　Il compte sur votre (　　).

(4) **A**　Mon père *a trouvé* quelque chose d'amusant dans notre grenier.
B　Mon père a fait une (　　) amusante dans notre grenier.

(5) **A**　On ne comprend pas son silence *obstiné*.
B　Son (　　) à se taire est inexplicable.

（解説・解答 ▶ p.107）

2 次の (1) ～ (5) について、**A**、**B** の (　　) 内には同じつづりの語が入ります。(　　) 内に入れるのにもっとも適切な語を、下の ① ～ ⓪ のなかから 1 つずつ選び、解答欄のその番号にマークしてください。ただし、同じものを複数回用いることはできません。(配点　5)

(1) **A** Cette gare est tellement grande que j'ai mis une demi-heure à trouver la (　　).
B On a annoncé la (　　) du nouvel album de mon chanteur préféré.

(2) **A** Dans son état de santé, le sport n'est pas (　　).
B Vous ne vous êtes pas présenté à l'endroit (　　).

(3) **A** Il a chanté sans une seule fausse (　　).
B Notre (　　) de gaz et d'électricité va augmenter.

(4) **A** Le maire a décidé de (　　) la réunion à une autre date.
B Le patron a dû (　　) ses employés pour des raisons économiques.

(5) **A** Les chiens ont le nez (　　).
B Par cette chaleur, il vaut mieux porter un vêtement plus (　　).

① bon　② facture　③ fermer　④ fin　⑤ indiqué
⑥ licencier　⑦ note　⑧ précis　⑨ renvoyer　⓪ sortie

(解説・解答 ▶ p.108)

3 次の (1) ～ (5) の (　　) 内に入れるのにもっとも適切なものを、下の ① ～ ⓪ のなかから 1 つずつ選び、解答欄のその番号にマークしてください。ただし、同じものを複数回用いることはできません。(配点 5)

(1) Au niveau du financement, notre équipe a l'avantage (　　) la vôtre.

(2) Ce n'est qu'un exemple (　　) d'autres.

(3) C'est (　　) centaines que les touristes se rendent dans ce petit village.

(4) Elle fait régulièrement un don pour protéger les animaux (　　) péril.

(5) J'ai rencontré mon voisin (　　) palier par hasard dans le parc.

① à	② de	③ depuis	④ en	⑤ par
⑥ parmi	⑦ pendant	⑧ sous	⑨ sur	⓪ vers

(解説・解答 ▶ p.110)

4 次の文章を読み、(1) ～ (5) に入れるのにもっとも適切なものを、下の語群から1つずつ選び、必要な形にして解答欄に書いてください。ただし、同じものを複数回用いることはできません。(配点 10)

Un animal a pris un congé d'une demi-journée pour une promenade. Lundi 25 février, une hyène* (1) du parc zoologique de Robertsau, en Alsace. Ce jour-là, le parc était fermé, comme tous les lundis. Vers midi, un employé a découvert un trou dans le grillage** de l'enclos*** des hyènes où il ne restait que trois animaux au lieu de quatre. Le journal *Les Étoiles* rapporte que la hyène (2) au bout de quatre heures de recherche : elle était revenue d'elle-même dans le parc. Plusieurs habitants (3) sa présence hors du zoo. La bête (4) le grillage et serait sortie du parc par une petite porte.

Malgré l'image qu'on a des hyènes se nourrissant uniquement d'animaux morts, ce sont des chasseuses très habiles. La ville a donc appelé la population à ne pas sortir dans la rue pendant tout l'après-midi. Après la capture de l'animal, le directeur du parc a exprimé ses excuses pour (5) les habitants en danger.

* hyène : ハイエナ
** grillage : 金網
*** enclos : 飼育舎

courir	mettre	mordre	rater
retrouver	s'échapper	se garder	signaler

(解説・解答 ▶ p.111)

5　次の文章を読み、(1)～(5)に入れるのにもっとも適切なものを、それぞれ右のページの ① ～ ③ のなかから1つずつ選び、解答欄のその番号にマークしてください。(配点 5)

De la drogue* pour les enfants, en cour de récréation ? À l'origine de cette rumeur** se trouve un post*** sur Facebook, massivement partagé par les parents. L'auteur du message (1) d'une nouvelle drogue appelée « Drop », qui serait vendue dans les écoles. « Cette drogue se dissout sur la langue et a un goût (2) », continue l'auteur. Le post est accompagné d'une photo de quatre cachets aux couleurs vives.

(3) si vous croisez ce post : Anne Sauvage, présidente de l'Observatoire des drogues pour les jeunes, assure « ne pas avoir eu connaissance de tels cas ». À ce jour, « aucun produit appelé "Drop" (4) sur le territoire français », précise-t-elle.

C'est donc une de ces fausses informations qui, selon l'association, « circulent depuis plus de dix ans sous diverses formes ». Une précédente version alertait sur la distribution de « Strawberry Shock », vendue sous l'apparence d'une fraise. « (5), cette drogue n'a pas été distribuée en France près des écoles », explique Anne Sauvage. Ces rumeurs semblent être la traduction d'un avertissement qui circule aux États-Unis depuis 2008.

* drogue : 麻薬
** rumeur : 噂
*** post : 投稿

(1) ① avertit des dangers
② déplore les sérieux désavantages
③ semble ignorer le risque

(2) ① désagréable pour les jeunes
② qui séduit difficilement les adolescents
③ sucré qui plaît aux enfants

(3) ① Ne le voyez pas d'un mauvais œil
② Ne soyez pas trop prudents
③ Soyez vigilants

(4) ① n'a été repéré
② ne fait l'objet de restriction
③ n'est interdit

(5) ① Comme elle est sans dangers
② N'étant pas très chère
③ Si elle existe bien

(解説・解答 ▶ p.114)

6　次の文章を読み、右のページの (1) ～ (8) について、文章の内容に一致する場合は解答欄の ① に、一致しない場合は ② にマークしてください。(配点　16)

Une majorité de Français (59 %) se déclarent aujourd'hui satisfaits des programmes proposés par France Télévisions. C'est ce que nous apprend un sondage récent sur les Français et la télévision publique, réalisé par un groupe de sociologues. Toutefois, cette appréciation varie selon l'âge. Quand 72 % des 65 ans et plus se disent satisfaits, seule une personne sur deux parmi les moins de 35 ans trouve que les programmes sont bien faits.

Concernant le financement des chaînes de télévision publique, deux tiers des Français approuvent le projet d'une « redevance* télé universelle », qui serait payée par tous et non pas uniquement par les possesseurs de téléviseurs. Néanmoins, ce pourcentage varie sensiblement selon qu'on interroge les personnes payant déjà cette redevance (70 % approuvent le projet) ou ceux qui n'y sont pas soumis (seuls 33 % d'entre eux seraient d'accord pour payer).

Enfin, les Français se montrent satisfaits des informations (75 % disent qu'elles sont présentées « comme il faut »), des programmes pour enfants (63 %) et des émissions politiques (56 %). Si la proportion de divertissements et de séries est bonne pour une majorité relative des personnes interrogées, on ne peut pas en dire autant des jeux, trop présents pour près d'un Français sur deux (48 %). Les interviewés déplorent aussi massivement un manque de documentaires** (48 % déclarent qu'ils ne sont pas « assez présents » dans les programmes), d'émissions culturelles (49 %) et surtout de films (64 %).

* redevance : 受信料
** documentaires : ドキュメンタリー

(1) D'après un sondage récent, la télévision publique mécontente deux tiers des Français.

(2) La proportion des moins de 35 ans qui ont un jugement favorable sur les programmes de France Télévisions est identique à celle des plus de 65 ans.

(3) D'après le projet, la redevance télé universelle doit être payée par tout le monde.

(4) Seul un tiers des personnes qui n'ont pas payé jusqu'ici approuvent le projet d'une redevance télé universelle.

(5) Les trois quarts des Français considèrent comme peu convenable la présentation des informations sur les chaînes de la télévision publique.

(6) Les programmes pour enfants sur France Télévisions laissent insatisfaite la majorité des Français.

(7) Plus de la moitié des Français trouvent excessive la présence des jeux sur les chaînes publiques.

(8) Pour plus d'un Français sur deux, les films ne sont pas assez présents sur France Télévisions.

(解説・解答 ▶ p.116)

7

次の文章を読み、右のページの (1)、(2) に、指示にしたがって**日本語**で答えてください。句読点も字数に数えます。

解答欄は解答用紙の裏面にあります。(配点　15)

On estime qu'un Français absorbe l'équivalent de 40 morceaux de sucre par jour. Consommé en excès, le sucre devient néfaste pour la santé : il peut entraîner l'obésité et les maladies qui y sont associées. Sans oublier les risques pour les os et les dents.

La situation serait moins problématique si le sucre n'était pas partout. En fait, une grande part des sucres consommés aujourd'hui sont « cachés » dans des aliments transformés qui ne sont habituellement pas considérés comme des sucreries*. On en trouve par exemple dans les plats cuisinés, les sauces, les potages industriels, les charcuteries, les conserves, etc. Enfin, pour compliquer les choses, des chercheurs ont établi que le sucre agit de la même manière que la cocaïne** sur notre organisme. « Il stimule la même zone du cerveau, déclenchant un phénomène d'addiction***, avec des conséquences graves sur la santé », alerte Jean-François Lefebvre, médecin et auteur du livre *Le Sucre invisible*. Ainsi, on ressent le besoin de reprendre une dose de sucre pour se sentir mieux. « C'est pourquoi on doit éviter de donner un petit bonbon quand un enfant est triste, pour ne pas associer dans sa mémoire le sucre au réconfort », recommande le docteur.

Quand on ajoute à cela la sollicitation permanente par la publicité, la visibilité particulière des produits sucrés dans les supermarchés et la présence de distributeurs automatiques, on se demande comment échapper au sucre. Réduire sa consommation doit débuter par une prise de conscience de ce que l'on mange. On peut calculer soi-même la quantité de sucre dans sa nourriture quotidienne en utilisant, par exemple, un site internet qui permet de se renseigner sur la composition de 2 800 aliments. L'important, c'est de prendre l'habitude de lire les étiquettes. Il faut ainsi se méfier des produits considérés comme sains mais qui peuvent contenir trop de sucre.

* sucreries : 甘いもの
** cocaïne : コカイン
*** addiction : 中毒、依存症

(1) 本文によれば、悲しんでいる子どもに甘いものをあたえるべきではない理由は何ですか。(30 字以内)

(2) 筆者によれば、砂糖の摂取を控えるために必要なことは何ですか。(35 字以内)

（解説・解答 ▶ p.118）

8

次の文章をフランス語に訳してください。
解答欄は解答用紙の裏面にあります。(配点　14)

私の娘は小さいときから体が弱く、医者にすすめられて8歳でテニスを始めた。娘はすぐに夢中になり、めきめきと上達した。何よりうれしかったのは、彼女がすっかり丈《じょう》夫《ぶ》になったことだ。

(解説・解答 ▶ p.120)

2019年度秋季
実用フランス語技能検定試験
聞き取り試験問題冊子　〈準 1 級〉

書き取り・聞き取り試験時間は、
16 時 50 分 から 約 35 分 間

先に書き取り試験をおこないます。解答用紙表面の書き取り試験注意事項をよく読んでください。書き取り試験解答欄は裏面にあります。

この冊子は指示があるまで開かないでください。

◇**筆記試験と書き取り・聞き取り試験の双方を受験しないと欠席になります。**

◇問題冊子は表紙を含め 4 ページ、全部で 2 問題です。

書き取り・聞き取り試験注意事項

1 途中退出はいっさい認めません。

2 書き取り・聞き取り試験は、CD・テープでおこないます。

3 解答用紙の所定欄に、**受験番号**と**カナ氏名**が印刷されていますから、まちがいがないか、**確認**してください。

4 CD・テープの指示にしたがい、中を開いて、日本語の説明をよく読んでください。フランス語で書かれた部分にも目を通しておいてください。

5 解答はすべて別紙の書き取り・聞き取り試験解答用紙の解答欄に、**HB または B の黒鉛筆**（シャープペンシルも可）で記入またはマークしてください。ボールペンや万年筆等でマークした解答は機械による読み取りの対象とならないため、採点されません。

6 問題内容に関する質問はいっさい受けつけません。

7 **携帯電話等の電子機器の電源はかならず切って、かばん等にしまってください。**通信機能のある時計は使用を禁じます。

8 **時計のアラームは使用しないでください。**

9 この試験問題の複製（コピー）を禁じます。また、この試験問題の一部または全部を当協会の許可なく他に伝えたり、漏えいしたりすることを禁じます（インターネットや携帯サイト等に掲載することも含みます）。

書き取り・聞き取り試験

（試験時間：約 35 分間）

書き取り試験

注意事項

フランス語の文章を、次の要領で 3 回読みます。全文を書き取ってください。

- 1 回目は、ふつうの速さで全文を読みます。内容をよく理解するようにしてください。
- 2 回目は、ポーズをおきますから、その間に書き取ってください（句読点も読みます）。
- 最後に、もう 1 回ふつうの速さで全文を読みます。
- 読み終わってから 3 分後に、聞き取り試験にうつります。
- 数を書く場合は、算用数字で書いてかまいません。（配点　20）

［ 音声を聞く順番 ］ ❽ → ❾ → ❽

（解説・解答 ▶ p.123）

聞き取り試験

1

- まず、Gilles へのインタビューを聞いてください。
- つづいて、それについての 5 つの質問を読みます。
- もう 1 回、インタビューを聞いてください。
- もう 1 回、5 つの質問を読みます。1 問ごとにポーズをおきますから、その間に、答えを解答用紙の解答欄にフランス語で書いてください。
- それぞれの (　　) 内に 1 語入ります。
- 答えを書く時間は、1 問につき 10 秒です。
- 最後に、もう 1 回インタビューを聞いてください。
- 数を記入する場合は、算用数字で書いてください。

(メモは自由にとってかまいません) (配点　10)

［ 音声を聞く順番 ］ ❿ → ⓫ → ❿ → ⓬ → ❿

(1)　Non,　il　l'a　(　　　)　pour　un　(　　　).

(2)　En　(　　　)　le　(　　　).

(3)　Il　l'a　(　　　)　dans　une　(　　　).

(4)　Il　(　　　)　sur　les　(　　　)　de　Gilles.

(5)　Lorsqu'il　a　(　　　)　le　(　　　).

(解説・解答 ▶ p.125)

2

- まず、Vincent の話を 2 回聞いてください。
- 次に、その内容について述べた文 (1) ～ (10) を 2 回通して読みます。それぞれの文が話の内容に一致する場合は解答欄の ① に、一致しない場合は ② にマークしてください。
- 最後に、もう 1 回 Vincent の話を聞いてください。
(メモは自由にとってかまいません) (配点　10)

[音声を聞く順番]　⓭ → ⓭ → ⓮ → ⓮ → ⓭

(解説・解答 ▶ p.129)

2 次 試 験

試験方法

◯ 2 次試験は個人面接です（面接時間：約 7 分）。
◯各自の試験開始予定時刻の 3 分前にテーマを 2 題渡します。この 3 分間に、渡された 2 題のテーマのうちいずれか 1 題について考えをまとめておいてください。
◯指示にしたがい試験室に入室し、はじめに氏名等についてフランス語で簡単な質問がありますから、フランス語で答えてください。
◯次に選択したテーマについて、3 分間、フランス語で自由に述べてください。つづいて、その内容についてフランス語で質問がありますから、フランス語で答えてください。時間の余裕があれば、一般会話をおこなうことがあります。

＊注意＊ ● テーマが渡されてから、辞書・参考書類を使ったり、音読したり、他の人と相談したりしないでください。
● 試験室入室前に携帯電話の電源を切ってください。

2019 年度は以下の問題のうちから、試験本部が選択したものを会場でお渡ししました。

次のテーマのうち、いずれか1題について考えをまとめておいてください。

【日本】

1.

A) L'augmentation de la taxe à la consommation a-t-elle modifié votre mode de vie ?

B) Dans certaines compétitions sportives, l'équipe nationale du Japon se compose parfois de joueurs venus des quatre coins du monde. Qu'en pensez-vous ?

2.

A) Le gouvernement japonais envisage de porter à 70 ans l'âge légal de la retraite. Qu'en pensez-vous ?

B) De plus en plus d'habitants de lieux touristiques dénoncent les effets négatifs du « surtourisme ». Qu'en pensez-vous ?

3.

A) Que pensez-vous du scandale politique concernant la « fête des cerisiers en fleurs » organisée chaque année par le gouvernement japonais ?

B) Faut-il raccourcir les heures d'ouverture des supérettes (*convenience stores*) ?

【パリ】

1.

A) En France, le port du voile dans l'espace public ne cesse de faire l'objet de polémiques. Qu'en pensez-vous ?

B) Êtes-vous pour ou contre l'utilisation de la trottinette électrique en ville ?

2.

A) Pensez-vous que le concept de « Flygskam » — la honte de prendre l'avion par souci écologique — se répandra au Japon ?

B) Le port de talons hauts est encore fréquemment imposé aux femmes sur leur lieu de travail. Qu'en pensez-vous ?

3.

A) Parmi les enfants étrangers de 6 à 15 ans qui résident au Japon, presque un sur cinq n'est pas scolarisé. Qu'en pensez-vous ?

B) Faut-il interdire les animaux dans les cirques ?

（解説 ▶ p.134）

2019 年度準 1 級

2019 年度の出願者は 1209 名（うち受験者は 1083 名）で、1 次試験の合格者は 259 名、対実受験者の合格率は 23.9％でした。1 次試験免除者 30 名をくわえた 289 名のうち 272 名が 2 次試験を受験し、1 次試験・2 次試験の両方に合格した最終合格者数は 214 名、対実受験者の最終合格率は 19.5％となっています。

1 次試験の平均点は 56 点（満点は 120 点）、得点率は 47％で、過去 5 回の平均（それぞれ 59 点、49％）を若干下まわりました。

出題内容のあらまし

1次［筆記］

1 動詞・形容詞の名詞化（穴うめ・記述）
2 多義語（穴うめ・選択）
3 前置詞（穴うめ・選択）
4 説明文（ハイエナ脱走事件／動詞を選択活用／穴うめ・記述）
5 説明文（子ども向け麻薬をめぐるフェイクニュース／穴うめ・選択）
6 説明文（フランス公共放送についてのアンケート／内容一致・選択）
7 説明文（砂糖の摂取が健康にあたえる悪影響／日本語による内容要約・記述）
8 和文仏訳（テニスを始めて健康になった娘／記述）

［書き取り］ 談話文（花咲く美しい庭と消え去った母親の記憶）

［聞き取り］

1 対話文（オオカミを犬ととりちがえて助けた男性へのインタビュー／仏語仏答完成／穴うめ・記述）
2 談話文（町でただ1つの歯科診療所を閉じる医師の話／内容一致・選択）

2次［面接］（個人面接方式）受験者は試験室入室3分前に渡される2つのテーマのどちらか1つを選択し、それについて考えをまとめておく。試験室では、選択したテーマについて3分間のexposé（口頭論述）をおこない、つづいて面接委員との間にそれに関連した質疑応答がある。（試験時間約7分間）

1 次 試 験

筆記試験

解説・解答

1 **解説** 名詞化の問題です。2つの文**A**、**B**がほぼ同じ意味になるように、**A**の文中のイタリック体で示された語（動詞・形容詞）を派生関係にある名詞に書きかえます。

(1) **A**：「当時、マルトはマリーのすることすべてを邪魔していた」

entraver「～を妨げる、邪魔する」という動詞の名詞形を問う問題です。あまりなじみのない語彙だったのか、*entravation(s)* や *entravés*、*entravances* など、苦しまぎれのさまざまな誤答例が見られました。正解の entrave は、辞書には「桎梏、足かせ」などの訳がのっており、たしかに少しむずかしい語だったかもしれません。この名詞を使って「邪魔をする」という表現に用いるときには、**B**のように mettre des entraves と、動詞には mettre を用い、entrave は複数形にします。また、この entraver → entrave のように、-er 動詞の語尾 r だけを取ると名詞形になるというパターンはそれほどめずらしいものではなく、たとえば brouiller「仲たがいさせる」に対して brouille「仲たがい」などがあります。得点率は7%でした。

(2) **A**：「彼女は不安な気持ちで子どもたちの帰りを待っていた」

Aの形容詞 anxieuse は動作時の主語の様態を表わす属詞で、主語に性数一致します（男性形は anxieux）。anxieux の名詞形 anxiété は形容詞の語尾に té を付すことで名詞になるパターンであるもののやや変則的です。誤答には *anxieté* のように e にアクサンが欠落した例が多く見られました。*anxieusement* とした答案もありましたが、これは副詞です。得点率は23%でした。

(3) **A**：「彼はあなたが支持してくれることを望んでいる」

問題になっている動詞 appuyer を名詞化すると appui となるのですが（essayer → essai と同じ）、誤答のほとんどは *appuie* と不要な e をくわえていました。得点率は 25%でした。

(4)　A：「父は屋根裏でおもしろいものをみつけた」

問題となっている動詞 trouver は基本語彙ながら、名詞形 trouvaille を答えるのはやさしくなかったようです。誤答例としては *trouve* や *trouvée* としたものがかなりありました。得点率は 7%でした。

(5)　A：「彼（女）がなぜ頑固に黙っているのかわからない」

形容詞 obstiné を名詞化すると obstination となります。tion を用いた名詞化はよく見うけられるものですが、obstination という語が受験者にはなじみがなかったのか、*obstinéité*、*obstinité* のよう形容詞に ité をつけたもの、*obstinance* などさまざまな誤答が認められました。なお、動詞形は obstiner ですが、現代フランス語では s'obstiner（à ＋不定法）と代名動詞の形で用います。得点率は 25%でした。

問題1全体の得点率は 17%でした。

解答　(1) entraves　(2) anxiété　(3) appui　(4) trouvaille　(5) obstination

2　**解説**　多義語の問題です。2つの文 **A**、**B** のカッコ両方に入る同じ1語を選択肢から選んで解答します。

(1)　A、B いずれも空欄の直前に定冠詞 la があることから、女性名詞（単数）が入ることがわかりますが、そのなかで⓪ sortie を空欄に入れると、それぞれ **A**「この駅はあまりに大きいので出口をみつけるのに 30 分かかった」、**B**「私の好きな歌手の新しいアルバムの発売が発表された」となり、文意が通ります。準1級レベルの受験者には取り組みやすい問題だったようで、得点率は 93%でした。

(2)　A の文では属詞として、**B** の文では l'endroit にかかる修飾語として、ともに形容詞が入ることがわかりますので、候補は① bon、④ fin、⑤ indiqué、⑧ précis にしぼられます。**A** には① bon「よい」、⑤ indiqué「適切だ」のいずれも入れることができそうですが、① の bon は一般に名詞の前に置く形容詞ですから **B** にはふさわしくありません。したがって、⑤ indiqué が正解とわかります。文意はそれぞれ、**A**「彼（女）の健康状態では、スポーツをするのは適切でない」、**B**「あなたは指定された場所に現れませんでした」となります。indiqué の **A** の文での意味、すなわち「適切な、当を得た」を知らない受験者が多かったのか、得点率はややふるわず45％でした。

(3) **A**、**B** 双方の文から名詞が入ることがわかります。先に **B** の文の意味を見ると、② facture「請求書、請求額」、⑦ note「勘定書、料金」のいずれを入れてもよさそうですが、**A** の文でも使えるのは「（音符の示す）音」という意味をもつ⑦ note です。文意はそれぞれ **A**「彼はひとつも音をはずさずに歌った」、**B**「うちのガスと電気の料金はあがるだろう」となります。ちなみに note は、このほかにも「メモ」、「成績」などの意味がある多義語です。得点率は60％でした。

(4) ここでは動詞の不定法が入ると見当がつきますので、選択肢は③ fermer、⑥ licencier、⑨ renvoyer となります。**B** については、「解雇する」という意味の動詞⑥ licencier と⑨ renvoyer のいずれも入りそうですが、このうち、**A** の文に入れても文意が通るのは⑨ renvoyer で、ここでの意味は「延期する」です。**A**「市長は別の日に会議を延期することをきめた」、**B**「経営者は経済的理由から従業員を解雇しなければならなかった」となります。得点率は52％でした。

(5) **A**、**B** ともに空欄には形容詞が入ることは容易に予測がつくでしょう。**A** の文の空欄には④ fin、⑧ précis のいずれも入りそうですが、**B** の文に目をやると、④ fin「うすい」を用いるのが適切だとわかります。**A** の文では、fin は「（感覚が）鋭い」という意味になります。したがって、**A**「犬は鼻がよくきく」、**B**「この暑さでは、もっとうすい服を着たほうがいい」となります。得点率は54％でした。

問題2全体の得点率は61％でした。

解答　(1) ⓪　(2) ⑤　(3) ⑦　(4) ⑨　(5) ④

3

解説　文中の空欄にあてはまる適切な前置詞を選び、文を完成させる問題です。

(1)　Au niveau du financement, notre équipe a l’avantage (sur) la vôtre.「資金面ではわれわれのチームはあなたたちのチームより優位に立っている」

「優越、支配、影響」を表わす前置詞 sur の用法を問う問題です。この前置詞 sur の機能を用いた表現としては、出題されている l’avantage sur *qn*「～に対する優位」のほか、victoire sur *qn* / *qch*「～に対する勝利」、régner sur *qn*「～を支配する」、agir (influer) sur *qn* / *qch*「～に作用（影響）をおよぼす」などがあります。

(2)　Ce n’est qu’un exemple (parmi) d’autres.「それはほんの一例にすぎない」

C’est un exemple parmi d’autres「数ある例のうちの 1 つだ（ごくありきたりの例だ）」は定型的な表現ですが、それを知らなくても、3 つ以上のものを指す複数名詞、集合名詞の前で前置詞 parmi が用いられると「～のなかに、なかで、間で」という意味になることをふまえれば、正答をみちびけるでしょう。

(3)　C’est (par) centaines que les touristes se rendent dans ce petit village.「この小さな村には観光客が数百人単位で訪れる」

配分、反復を表わす前置詞 par の用法（「～につき」「～ずつ、ごとに」）の理解を問う問題です。この前置詞 par の機能をふまえた表現としては partager *qch* par moitié「～を半分に分ける」などがあります。

(4)　Elle fait régulièrement un don pour protéger les animaux (en) péril.「彼女は危機に瀕している動物を守るために定期的に寄付をしている」

状態、様態を表わす前置詞 en の用法（「～の状態で」）を問う問題で、2018 年度（3 (3) entrer en affaires「仕事を始める」）につづけての出題となりました。en panne「故障中の」のように、en のあとには無冠詞の名詞をつづけるのが一般的です。過去問に目を向けておくと、このように類題が出題されたときには有利になります。

(5) J’ai rencontré mon voisin (de) palier par hasard dans le parc.「公園でたまたま同じ階の人に会った」

voisin de palier「(集合住宅の) 同じ階の住人」という表現を知っているか問う問題です。palier はそれ自体としては「(階段の) 踊り場」という意味ですが、この表現では「同じ階の」という意味になります。ちなみに「同じ階に住む」だと habiter sur le même palier となります。

得点率は(1) 46%、(2) 75%、(3) 12%、(4) 44%、(5) 27%、問題3全体では41%でした。

解答 (1) ⑨ (2) ⑥ (3) ⑤ (4) ④ (5) ②

4

解説 文章の展開をたどりながら、空欄に該当する動詞を選び、適切な活用形に改める問題です。解答には動詞の法・時制、および過去分詞の一致に関する正確な知識が求められます。

出題の文章は、動物園からハイエナが脱走したことを報じる記事です。

(1) Lundi 25 février, une hyène (1) du parc zoologique de Robertsau, en Alsace.

文章は「ある動物が半日の休暇をとって散歩にいった」と始まっていて、これだけでは何が起こったのかはっきりとはわかりません。2 文目は空欄をふくみますが、動物園というキーワードが出てきます。さらに 4 文目まで先に読めば、「正午ごろ、従業員がハイエナの飼育舎の金網に穴があいているのをみつけ、そこに 4 頭いるはずの獣が 3 頭だけになっていた」とあるので、ハイエナが逃げたことがわかります。2 文目の空欄の直前に置かれた主語はまさに une hyène ですから、ここには「逃げる」という意味の s’échapper が入ります。ハイエナが逃げたのは過去の完了した出来事ですから、s’échapper は直説法複合過去に活用させるのが適切です。また、主語 une hyène が女性名詞であることと、代名動詞の複合過去形では、再帰代名詞が直接目的補語である場合、過去分詞を主語に性数一致させるという規則をふまえ、活用形は (s’est échappée) とします。空欄をふくむ文は「2 月 25 日月曜日、アルザスのロベルツォー動物園から 1 頭のハイエナが逃げた」という意味になります。誤答には、主語との性数一致を忘れた *s’est échappé* が多く見られました。また、直説法大過去 *s'était échappée* とした誤答もありましたが、そうすると「2月25日の時点ですでに逃げたあとだった」という意味になってしまい、それ以降の文脈と合いません。得点率は50％でした。

(2) Le journal *Les Étoiles* rapporte que la hyène (　2　) au bout de quatre heures de recherche : elle était revenue d'elle-même dans le parc.

空欄をふくむ文は、ハイエナ脱走事件の経過を新聞 *Les Étoiles* 紙が報じた内容を述べています。ここでは空欄の直後にある au bout de quatre heures de recherche「4時間の捜索のあと」という表現、さらにドゥー＝ポワン（:）のあとではその前に語られている内容をよりくわしく説明していることをふまえるのが肝要です。ドゥー＝ポワンのあとには「ハイエナは自分で園にもどってきていた」とつづくので、ドゥー＝ポワンの前ではハイエナがみつかった経緯が述べられているとわかります。空欄の前にある主語はハイエナですので、retrouver「みつける」を受動態にして (a été retrouvée) とします。ここでも女性単数の主語 une hyène との性数一致が要注意ポイントです。誤答には *a été retrouvé* とやはり性数一致を忘れた答案が見られました。また、*est retrouvée* と現在形にしている誤答も見られましたが、事件の経過を述べた文ですので、直説法複合過去が適当です。また、*a retrouvé* とした答案もかなりありましたが、これではハイエナが何かをみつけたという意味になり、かつ、他動詞 retrouver の直接目的語がない奇妙な文になってしまいます。得点率は31％でした。

(3) Plusieurs habitants (　3　) sa présence hors du zoo.

sa présence が la présence de la hyène「ハイエナがいること」という意味だとわかれば、文脈から空欄には signaler「（警察に）通報する」が入ると容易に見抜けるでしょう。空欄をふくむ文は「複数の住民が、動物園の外にハイエナがいることを通報していた」となります。前の文で無事ハイエナは発見されたと述べられていましたが、通報がなされたのはそれよりも前のはずですから、時制を直説法大過去にして (avaient signalé) とします。また誤答には *ont signalé* と直説法複合過去にしたものがかなりありましたが、叙述と出来事の時系列が対応する原則から、園内で発見されたあとに園の外で見たという通報があったことになり、話が通じません。*signalaient* と半過去にした答案もありましたが、それでは起こった出来事の時系列上の前後関係を表わすことができず、経緯を説明する文として不適切です。得点率は10%でした。

(4)　La bête (　4　) le grillage et serait sortie du parc par une petite porte.

　主語 la bête「動物」はもちろんハイエナの言いかえです。空欄をふくむ文は et のあとにもう 1 つ動詞がある複文になっており、文の後半で serait sortie と、動詞 sortir が条件法過去形で用いられていることに目をつけるのがポイントになります。ここでの条件法は書き手の推測を表わす役割をはたしています。空欄もそれに合わせて条件法過去で、(aurait mordu) としましょう。「その動物（ハイエナ）は金網をかじって、小さな門から園の外に出たのだろう」となります。ただし、ハイエナが金網をかじったということを、この文章の書き手がなんらかの根拠をもとに事実として知ったという可能性は排除できないので、やや不自然ながら直説法大過去の (avait mordu) も可としました。*a mordu* と複合過去にした答案がかなりありましたが、前の問題と同じ理由で誤答となります。得点率は35%でした。

(5)　Après la capture de l'animal, le directeur du parc a exprimé ses excuses pour (　5　) les habitants en danger.

　空欄は前置詞 pour のあとにきているので、ここに不定法が入るということは簡単にわかります。この空欄に mettre を入れると mettre *qn / qch* en danger「～を危険にさらす」と意味の通る文になりますが、正答をみちびくうえで、前置詞 pour が因果関係を示す役割をはたしていることに注意する必要があります。空欄をふくむ文の主節では動詞 exprimer が直説法複合過去形で用いられ、「所長が謝罪した」という意味をなしており、「住民を危険にさらした」のは時系列上、当然それよりも前に起こったことですので、mettre を複合形にして (avoir mis) としなければなりません。これを不定法のまま *mettre* としている誤答が多数見られました。得点率は42%でした。

　問題[4]全体の得点率は33%でした。

解答　(1) s'est échappée　(2) a été retrouvée　(3) avaient signalé
(4) aurait mordu　(5) avoir mis

5 **解説** 長文を読み、空欄に対応する文の一部を選択肢から選んで文を完成させる問題です。

出題の文章は、学校で麻薬が売買されているというショッキングな噂が、じつはフェイクニュースだったという話です。

(**1**) 文章はDe la drogue pour les enfants, en cour de récréation ?「子ども向け麻薬が、運動場で？」というショッキングな出だしで始まっていて、学校での麻薬が主題になっていることがわかります。空欄の前にあるL'auteur du messageは、この噂を流したフェイスブックの投稿者です。その人物がnouvelle drogue appelée « Drop », qui serait vendue dans les écoles「学校で売られているという『ドロップ』と呼ばれる新しい麻薬」について何をしたかということが問題です。quiのあとのêtreが条件法になっているのは、この文の書き手にとってqui以下で語られる内容が伝聞で得た情報であることを表わしています。このように内容を理解できれば、選択肢①avertit des dangers「危険について注意を呼びかけている」を選ぶことができるでしょう。②déplore les sérieux désavantages「深刻な問題を嘆く」はこの一節だけを見ると入りそうにも思えるかもしれませんが、この麻薬がまねく深刻な問題とは何か、具体的には本文ではどこにもふれられていないので、不適切です。得点率は61%でした。

(**2**) 前の問題に引きつづき、子どもたちの間で麻薬が出回っているという内容が読み取れていれば、un goût「味」にかかる空欄に③sucré qui plaît aux enfants「子どもが喜ぶ甘い（味）」を選ぶのはむずかしくありません。ほかの選択肢は、①désagréable pour les jeunes「若者には不快な」、②qui séduit difficilement les adolescents「なかなか青少年を引き付けられない」ということですので、子どもたちの間で売買されるほど人気という話と合いません。得点率は94%でした。

(**3**) 選択肢はすべて命令文になっていて、筆者が読者へ呼びかけています。空欄のあとのsi vous croisez ce post「この投稿を見かけたら」という一節が空欄に入る指示にかかっています。その指示の根拠が示されるのが引用符以下です。Anne Sauvage, présidente de l'Observatoire des drogues pour les jeunes, assure « ne pas avoir eu connaissance de tels cas »「アンヌ・ソバージュ青少年麻薬監視所所長は、「そのような事案は知らない」と断言している」。そこから、子どもたちが学校で麻薬のやりとりをしているという情報はどうもあやしいとわかります。したがって選択肢は③ Soyez vigilants「気をつけてください」となります。②の選択肢にある prudent も「用心深い」という形容詞ですが、否定命令文になっているので Ne soyez pas trop prudents「あまり慎重にならないでください」と意味が逆になってしまいます。また① Ne le voyez pas d'un mauvais œil は「それを悪く思わないでください」という意味ですので、やはり文脈に合いません。得点率は45%でした。

(4) 空欄は引用符のなかにありますので、これもアンヌ・ソバージュの発言の引用です。À ce jour, « aucun produit appelé "Drop" (　4　) sur le territoire français »「今日まで、「『ドロップ』と呼ばれる製品はフランス国内で（　4　）」」という発言が、その前に語られている内容とうまくつながるように空欄をうめることになります。子どもたちの間で麻薬のやりとりがされている事実は確認されていないという内容に合うように空欄をうめるのですから、① n'a été repéré「つきとめられていない」が適切です。さらに次の段落の冒頭を見ると、C'est donc une de ces fausses informations「したがってこれはフェイクニュースの1つなのだ」という一節から始まっており、くだんの投稿が、存在しない麻薬についての架空の報告だということが明確になります。得点率は60%でした。

(5) やはりアンヌ・ソバージュの発言の引用のなかに空欄が設けられています。第3段落には、同種のフェイクニュースはこれまでにもあったということが述べられていて、2文目には Une précédente version alertait sur la distribution de « Strawberry Shock »「1つ前のバージョンは『ストロベリー・ショック』が出回っていることへの注意喚起だった」とあります。空欄をふくむ文はそれを受けています。(　5　), cette drogue n'a pas été distribuée en France près des écoles「（　5　）、この麻薬がフランスの学校周辺で出回っていたということはない」。そうすると適切なのは③ Si elle existe bien「たしかに存在しているとしても」です。ここでは si が対立、譲歩を表わす用法であるとつかむことが必要です。① Comme elle est sans dangers「危険性のあるものではないので」、② N'étant pas très chère「あまり高くはないので」はいずれも文意に合いません。得点率は67%でした。

問題5全体の得点率は66%でした。

解答　(1) ①　(2) ③　(3) ③　(4) ①　(5) ③

6

解説　長文を読み、設問として示されている文の内容が本文の内容に一致するかどうかを判断する問題です。

出題の文章は、フランス人のテレビへの評価と関心について述べたものです。

(1) 「最近の調査によると、フランス人の3分の2が公共テレビに不満である」。本文の第1段落冒頭の文にはUne majorité de Français (59%) se déclarent aujourd’hui satisfaits des programmes proposés par France Télévisions.「フランス人の過半数は、今日、フランス・テレビジョンの提供する番組に満足していると言っている」とあります。また、2文目にla télévision publique「公共テレビ」とあり、これが先のフランス・テレビジョンのことを指していることがわかります。本文の59%と設問文の3分の2では、満足度に関する割合に齟齬があります。したがって、設問文は内容に一致していません。得点率は87%でした。

(2) 「フランス・テレビジョンの番組に好意的な判断をしている35歳未満の人の割合は、65歳より上の人の割合と同じである」。第1段落3文目に、Toutefois, cette appréciation varie selon l’âge.「しかしながら、この評価は年齢によってことなる」とあり、さらに次の文でQuand 72% des 65 ans et plus se disent satisfaits, seule une personne sur deux parmi les moins de 35 ans trouve que les programmes sont bien faits.「65歳より上の人の72%が満足していると述べる一方、35歳未満では2人に1人しか番組がよくできているとは思っていない」とつづいていますから、設問文は本文の内容と一致していません。得点率は79%でした。

(3) 「この計画によれば、共通受信料はすべての人が支払わなければならない」。設問文にある「この計画」とは、本文第2段落1文目の中ほどに出てくる le projet d'une « redevance télé universelle », qui serait payée par tous et non pas uniquement par les possesseurs de téléviseurs「テレビを持っている人だけでなく、すべての人によって支払われる『共通受信料』の計画」を指します。したがって、設問文は本文の内容と一致します。得点率は75%でした。

(4)「これまで支払いをしていない人のうち共通受信料の計画に賛成しているのは3分の1だけだ」。第2段落1文目には deux tiers des Français approuvent le projet「3分の2のフランス人が計画に賛成している」とありました。つづく2文目には ce pourcentage varie sensiblement「このパーセンテージはかなり変わる」とあり、どんな人に質問するかによって賛否の割合が変わることが述べられています。les personnes payant déjà cette redevance「すでにこの受信料を支払っている人」では70% approuvent le projet「70%が計画に賛成」であり、ceux qui n'y sont pas soumis「これに従っていない人」、つまり受信料を支払っていない人では seuls 33% d'entre eux seraient d'accord pour payer「支払いを了承しているのは33%だけだ」というのです。33%という数字は設問文にある「3分の1」と同じですから、設問文は本文の内容と一致しています。得点率は66%でした。

(5)「フランス人の4分の3は、公共テレビチャンネルでのニュース放送があまり適切ではないと考えている」。ニュースの話題が出てくるのは本文第3段落冒頭です。les Français se montrent satisfaits des informations (75% disent qu'elles sont présentées « comme il faut »)「フランス人はニュースに満足していると答えている（75%が、ニュースは「しかるべく」放送されていると言っている）」。設問文にある4分の3という割合は75%という数字と一致します。本文にある comme il faut「しかるべく、理想的に」という慣用的表現を知っているか問われる設問です。これが設問文の convenable と同義であるわけですが、peu がついていることで「ほとんど〜ない」という意味がくわわるため、設問文は本文と一致しないことになります。得点率は73%でした。

(6)「フランス・テレビジョンの子ども向け番組に、過半数のフランス人は不満である」。やはり第3段落冒頭の文の内容について問う問題です。先のニュースにつづけて同格で並んでいる子ども向け番組についても、63%が満足しているとあります。しかし、設問文が述べているのはそれと逆のことですから、設問文は本文に一致しません。得点率は 92%でした。

(7) 「半数をこえるフランス人が公共チャンネルにはゲームが多すぎると思っている」。第 3 段落 2 文目では、la proportion de divertissements et de séries「娯楽番組と連続ドラマの割合」についてフランス人たちが比較的肯定的に評価していることが述べられたあと、on ne peut pas en dire autant des jeux「ゲームについては同様には言えない」とつづけられています。本文にはこの jeux にかかる形で trop présents pour près d'un Français sur deux (48%)「フランス人のほぼ 2 人に 1 人（48%）が多すぎるとしている」と説明がくわえられています。本文の 48%と設問文の「半分以上」では、割合が整合しませんので、設問文は本文と一致しません。得点率は 69%でした。

(8) 「フランス人の 2 人に 1 人以上が、フランス・テレビジョンでは映画が十分に放映されていないとしている」。本文最後の文は Les interviewés déplorent aussi massivement un manque de documentaires [...] d'émissions culturelles [...] et surtout des filmes (64%).「インタビューを受けた人の多くはまた、ドキュメンタリー（中略）、教養番組（中略）、そしてとりわけ映画（64%）の不足を残念に思っている」とあります。映画番組が不足しているとする人の割合 64%は、設問文の「2 人に 1 人以上」と整合します。したがって設問文は本文と一致します。得点率は 88%でした。

問題6全体の得点率は 79%でした。

解答　(1) ②　(2) ②　(3) ①　(4) ①　(5) ②　(6) ②
(7) ②　(8) ①

7

解説　長文を読み、その内容を設問にしたがって日本語で要約する問題です。出題の文章は砂糖の摂取が健康にあたえる悪影響について述べたものです。

(1)　まず、第 1 段落では、砂糖の過剰摂取は、肥満とそれに関連する疾病を引き起こし、骨や歯をむしばむなど、健康に悪影響をあたえるとして、出題文の主題が明示されます。そして第2段落では、第1段落よりもさらにふみこんで、砂糖の摂取に関する懸念が説明されます。今日消費される砂糖は、一般に甘いものと考えられていない加工食品に「隠されて」おり（第2段落第2文）、しかも研究者によると、砂糖は人体にコカインと同じような作用、すなわち中毒症状を引き起こすというのです（同第4、第5文）。そのため、on ressent le besoin de reprendre une dose de sucre pour se sentir mieux.「気分をよくするために砂糖をふたたび摂取する必要を感じる」のだとされます（同第6文）。そして第2段落最後の文（第7文）の引用箇所には « C'est pourquoi on doit éviter de donner un petit bonbon quand un enfant est triste, pour ne pas associer dans sa mémoire le sucre au réconfort »「それゆえ記憶のなかで砂糖と慰めが結びつけられることのないよう、子どもが悲しんでいるときに、小さいキャンディーをあげるのは避けなければならない」とあります。解答にあたっては、この文のpour以下をうまく活用して字数内にまとめましょう。得点率は46%でした。

(**2**) 第2段落で砂糖の摂取にともなうリスクが説明されたあと、第3段落ではどのように砂糖を避けるべきかという点が問題になります。正答をみちびくにあたり、まず鍵となるのがこの段落の第2文Réduire sa consommation doit débuter par une prise de conscience de ce que l'on mange.「その（＝砂糖の）摂取を減らすには、食べるものについて意識することから始めるべきだ」です。さらにその方法を要約した第4文L'important, c'est de prendre l'habitude de lire les étiquettes.「大切なのは、ラベルを読む習慣をつけることだ」にも目を向けて、この2つの文の内容を字数内にまとめましょう。実際の試験ではこの第4文のかわりに、第3段落の第3文「たとえばインターネットのサイトを利用して毎日の食事にふくまれる砂糖の量を自分で計算することができる」という一節をふまえた答案がかなりありましたが、par exemple「たとえば」という表現に注目すればわかるとおり、この文に示されるのは自分の食べるものに意識を向けるための一例にすぎないことに注意しましょう。得点率は37%でした。

問題7全体の得点率は41%でした。

解答例 ⑴ 砂糖が慰めになるという記憶が定着してしまうため。(24 字)
⑵ 自分が食べているものを意識し、ラベルを見る習慣をつけること。(30 字)

8 **解説** 和文仏訳の問題です。

第 1 文:「私の娘は小さいときから体が弱く、医者にすすめられて 8 歳でテニスを始めた。」

訳例:Comme elle était de santé fragile depuis sa petite enfance, ma fille a commencé le tennis à huit ans sur le conseil d'un médecin.

「体が弱く」という一節については、解答例以外にも elle était de constitution fragile (précaire ; délicate ; chétive ; maladive) / elle avait une santé (constitution) faible (précaire ; délicate ; chétive ; maladive) / elle était fragile (faible ; délicate), physiquement / elle était faible ; chétive ; maladive などとさまざまな書き方ができます。「体」という日本語の表現にとらわれて *le corps* という語を用いた答案がかなり見うけられましたが、この語は精神に対する「肉体」という意味で用いられるものです。ここで問題になっているのは健康状態、体質であると見抜くことが必要です。仏作文においては、日本語の置きかえ能力も求められることに注意して、学習を進めましょう。そうすれば、別解にある elle était faible のように基本的語彙のみを用いて対処可能だと気づくこともできます。また「小さいときから」は depuis qu'elle était petite とすることもできます。またこの文では comme でみちびかれる理由を表わす従属節と主節の主語が同じですので、現在分詞を用いて Comme elle était [...] を Étant、Comme elle avait une santé [...] を Ayant une santé [...] としてもよいでしょう。

実際の試験では、「医者にすすめられて」という一節で、*la recommandation* という語を用いた答案がかなり見うけられました。ただしこの語は、強い忠告、ないし勧告を指すものです。一方、le conseil は「健康増進のためにちょっとテニスでも始めてみてはどうか」と相手に助言をあたえる状況で用いるのにふさわしい語です。類語のニュアンスをつかむためにも仏和辞典、仏仏辞典の定義や用例をくまなく読み込むことが準 1 級レベルでは必要になります。

なお、「テニスを始めた」という一節は、ma fille a commencé à faire du

tennis / a commencé à jouer au tennis / s'est mise au tennisとすることもできます。その際、基本的なことですが「(スポーツを）する」という意味をなす2つの表現、すなわち〈faire＋部分冠詞＋名詞〉と〈jouer à＋（定冠詞をともなう）名詞〉の使い分けにも注意しましょう。「テニス」という単語を正確につづれていない答案が散見されたのも残念なことです。つづれるはずの単語、表現をケアレスミスなく正確に書き記すことも合格への大事な鍵となります。

第2文：「娘はすぐに夢中になり、めきめきと上達した。」

訳例：Aussitôt passionnée, elle a fait des progrès remarquables.

「(娘は）すぐに夢中になり」はElle a tout de suite été passionnée etあるいはelle a tout de suite adoré etとしてもよいでしょう。また、「すぐに」に対応するフランス語の表現としてはtout de suite ; très vite ; rapidement ; immédiatementなどがあげられます。また「めきめきと上達（する)」という一節については、des progrès extraordinaires ; étonnants ; surprenants ; incroyables ; spectaculairesとさまざまな形容詞を用いて表現することができます。「めきめき（と)」という擬態語が、驚くほど急速に進歩・成長をとげるさまを表わすものだと気づき、ふさわしいフランス語に置きかえることができるかがポイントになります。

第3文：「何よりうれしかったのは、彼女がすっかり丈夫になったことだ。」

訳例：Ce qui m'a rendu le plus heureux, c'est qu'elle est devenue tout à fait robuste.

「何よりうれしかったのは」については、まず解答例Ce qui m'a rendu le plus heureuxのheureuxをcontentあるいはjoyeuxとすることが可能であるほか、Ce qui m'a surtout rendu heureux / Ce dont j'ai été le plus heureux / Ce qui m'a fait le plus plaisir / Ce qui m'a surtout fait plaisir / Ce qui m'a donné le plus de joie / Ce qui m'a le plus enchanté / Ce qui m'a surtout ravi / Ce qui m'a le plus (surtout) réjoui / Ce que j'ai trouvé le plus réjouissant / Le plus réjouissant a étéと多様な別解が考えられます。なお、語り手の「私」を女性ととらえて、女性単数に性数一致することもできます。「丈夫」はrésistanteやsolide、vigoureuseといった形容詞を用いてもよいで

しょう。
得点率は 27%でした。

解答例 Comme elle était de santé fragile depuis sa petite enfance, ma fille a commencé le tennis à huit ans sur le conseil d'un médecin. Aussitôt passionnée, elle a fait des progrès remarquables. Ce qui m'a rendu le plus heureux, c'est qu'elle est devenue tout à fait robuste.

書き取り・聞き取り試験

解説・解答

書き取り試験

解説 語り手がかつて住んでいた家と母親の悲しい記憶を語った文章です。その家には大きな庭があり、そこで語り手とその母親は多くの花を栽培していたが、ある日母親は買い物にいくと言って出かけたまま忽然と消えてしまいました。そこで、語り手は花でいっぱいの庭を売ったというのです。

出題文は8つの文からなりますが、以下、そのうちの4つについて多くの受験者がつまずいた箇所を中心に見ていくことにします。なかには耳慣れない語もあったかもしれませんが、多くの誤答は基本的な文法事項にかかわるケアレスミスであることがわかるでしょう。全体の得点率は48％でした。

第2文：Chez nous, il y avait un grand jardin, où nous cultivions de nombreuses fleurs.

受験者は où nous [...] と関係副詞 où を介して関係節がつながっていく構文が音声では理解できなかったようです。*nous nous*、*ou nous* とした答案がそれぞれ全体の1割ほどを占めました。*une* や *nous*、あるいは *ou* といった1語のみ記した答案も散見されました。しかし、*nous nous*、あるいは *nous* のみでは文の前半と後半が接続詞を介さずつづいていくこととなり、文の構造としておかしくなります。また *ou nous* と接続詞「あるいは」を用いて文の前半と後半をつなげようとしてもここでは文意が通りません。さらに不定冠詞 *une* のみではつづく動詞の cultivions とうまくつながりませんし、*ou* のみでは、文の後半の主語がなくなってしまいます。

また、やはりこの文の de nombreuses という一節についても、*de nombreuse* とした答案が全体の約半分を占めたほか、*des nombreuse* とした答案も散見されました。たしかに複数の s は読まれないためうっかりしてしまうところなのかもしれませんが、「多くの花」という文意を考えれば、nombreuses と複数の s がつくことは予測がつくでしょう。またこうした誤答例からは、形容詞が名詞の前に置かれた場合、不定冠詞 des は de になるという初級文法の知識が定着していない受験者がいることも確認されます。

書き取りにおいては、ただ聞こえた音をそのまま書き写すだけでなく、文法知識も駆使し、どのようにすれば文法的に正しい文が完成するか意識しながら取り組む必要があります。受験前に文法の教科書、参考書を細部にいたるまで確認し、忘れている項目がないかチェックしておくこともこまかいケアレスミスを防ぐうえで有効だと思われます。3分間の見直し時間も十分に活用しましょう。

第3文：Celle que ma mère aimait le plus était la rose jaune pâle, appelée Chopin.

この文とつづく第4文は、できがかんばしくない箇所が複数あり、おそらく文意そのものがつかめなかった受験者が少なくなかったのではないかと思われます。まず、aimaitという語が聞き取れずに無回答であった答案が全体の4割強にのぼったほか、*est*、*et*、*aime*といった誤答が認められました。次に、jaune pâleという一節も、pâleという語あるいはjaune pâle「うすい黄色」という表現が受験者にはなじみがなかったのか難所だったようで、該当箇所が空白の答案のほか、*jaune*（つづりミスとおぼしき*jeune*もあり）とのみ記した答案、*jaune pale*、*jeune perle*、*jaune parle*、*jeune pâle*、*jaune pare*、*jeune pal*などじつに多様な誤答例が見うけられました。最後に、appeléeについても*après*とした答案が全体の半分前後を占め、その他*applée*、*appellé(e)*、*appelait*などの誤答が確認されました。

第4文：Quant à moi, je préférais l'œillet dont les fleurs avaient une odeur très forte.

まず多くの受験者がつまずいたのがje préféraisです。ここでは動詞préférerが問題になっていることはほとんどの受験者が理解できていたようですが、*je préfère*、*j'ai préféré*、*je préfèrais*、*je préfèrait*、など、時制のまちがいや活用のミス、アクサンのつけまちがいによる失点がめだちました。また、l'œillet「ナデシコ、カーネーション」という語を正しくつづれた答案はほぼ皆無でした。このl'œilletでつまずいた結果、直後の関係代名詞dontを*dans*と勘ちがいした受験者が7割ほどにのぼり、さらには、odcur très forte「とても強い香り」という一節のodeurが書けずに空白のままになっている答案がかなりの数確認されました。

第7文：Je l'ai cherchée partout, mais elle avait disparu sans laisser de traces.

Je l'ai cherchéeのl'はma mère「私の母」を指しますので、過去分詞

cherché を女性単数の補語人称代名詞、直接目的補語 l'(=la) と性数一致させて語末に e をつけます。これをおこたり、*l'ai cherché* とした答案が 3 割強確認されたのは残念です。逆に elle avait disparu の disparu に e をつけて、*avait disparue* とした答案も一定数見うけられました。

解答 Dans les années 90, ma mère et moi, nous habitions dans un petit village près de Bordeaux. Chez nous, il y avait un grand jardin, où nous cultivions de nombreuses fleurs. Celle que ma mère aimait le plus était la rose jaune pâle, appelée Chopin. Quant à moi, je préférais l'œillet dont les fleurs avaient une odeur très forte. Un jour, ma mère est sortie en me disant qu'elle allait faire des courses. Elle n'est jamais rentrée. Je l'ai cherchée partout, mais elle avait disparu sans laisser de traces. Depuis, j'ai vendu la maison avec son jardin plein de fleurs.

聞き取り試験

1

(1) Non, il l'a (　　　) pour un (　　　).
(2) En (　　　) le (　　　).
(3) Il l'a (　　　) dans une (　　　).
(4) Il (　　　) sur les (　　　) de Gilles.
(5) Lorsqu'il a (　　　) le (　　　).

（読まれるテキスト）

La journaliste : On dit que vous avez passé quelques heures avec un loup, et tout le monde en est très étonné. Pourquoi avez-vous fait une chose pareille ?

Gilles : En fait, ce n'était pas du tout intentionnel. Je l'ai sauvé d'une rivière en le prenant pour un chien.

La journaliste : Comment cela s'est-il passé ?

Gilles : C'est en traversant le pont que j'ai aperçu l'animal. Il était pris au piège dans les eaux glacées.

La journaliste : Qu'est-ce que vous avez fait, alors ?

Gilles : Je me suis précipité pour le sauver. À cause de la fatigue, il s'est laissé envelopper dans une serviette. Je l'ai embarqué dans la voiture pour aller voir le vétérinaire.

La journaliste : Il est resté tranquille pendant le trajet ?

Gilles : Oui, il était calme et dormait sur mes genoux.

La journaliste : Quand avez-vous découvert que c'était un loup ?

Gilles : C'est seulement face au vétérinaire que j'ai appris, non sans surprise, que je venais de sauver un jeune loup d'environ un an.

(読まれる質問)

un : Est-ce que Gilles a sauvé l'animal en sachant qu'il s'agissait d'un loup ?

deux : Quand est-ce que Gilles a trouvé l'animal ?

trois : Qu'est-ce que Gilles a fait avant de mettre l'animal dans sa voiture ?

quatre : Dans la voiture, qu'est-ce que le loup faisait ?

cinq : Quand Gilles a-t-il réalisé son erreur ?

解説 フランス語の対話文（インタビュー形式であることが多いです）とその内容に関する質問を聞き取り、質問に対する答えとなる文を空欄をうめて完成させる問題です。今回は、凍てついた川から犬を救出したつもりが、じつはオオカミだったことが判明するまでの経緯が取り上げられています。

(1) 「Gilles はオオカミだとわかったうえで、その動物を助けたのか」という質問です。Gilles の最初の発言、とりわけ Je l'ai sauvé d'une rivière en le prenant pour un chien.「犬だと思ってそれ（＝オオカミ）を川から助けたのです」という文、とりわけジェロンディフを用いた一節に注目しましょう。すると、1 つ目の空欄には pris、2 つ目の空欄には chien を入れるとよいとわかります。1 つ目の空欄については、ジェロンディフの en le prenant を、答えの文の構文に合わせて il l'a (pris) と直説法複合過去にできるかどうかが正答をみちびくポイントとなります。このように準 1 級の聞き取り問題では、ただ聞き取った音を空欄に記入するのではなく、適切な形に動詞を活用させたり、品詞を変えたりする能力が求められる場合があります。こうした工夫が必要な場合は、受験者は正答をみちびくのに苦労する傾向にあります。この設問でも *sauvé* とした答案が全体の 3 割強を占めたほか、*pensé*、*trouvé*、*promené*、*fait* など多様な動詞の過去分詞が認められました。無回答の答案も 2 割弱ありました。得点率は順に 15%、71%でした。

(2) 「Gilles はいつその動物をみつけたか」という質問です。Gilles の 2 つ目の発言のうち、C'est en traversant le pont que j'ai aperçu l'animal.「橋を渡っているときに、その動物をみつけた」という一文のやはりジェロンディフの一節をふまえると、1 つ目の空欄には traversant、2 つ目の空欄には pont を入れるべきだとわかるでしょう。1 つ目の空欄については traversant のかわりに passant を入れることもできます。この空欄については無回答の答案が 2 割弱あったほか、*promenant* とした答案、そして *traverssant* とおしいつづりミスをおかした答案がめだちました。2 つ目の空欄については、無回答の答案が 2 割強を占めたほか、*chien*、*rivière*、*animal*、*rue* などとした答案、そして *pond*、*point* とおそらくは pont と書こうとしてうまくつづれなかった答案が散見されました。得点率は順に 51%、46%でした。

(3) 「Gilles はその動物を車に乗せる前にどうしたか」という質問です。

Gilles の 3 つ目の発言には、À cause de la fatigue, il s’est laissé envelopper dans une serviette.「疲れていたために、それ（＝動物）はタオルに包まれるがままになった」とあります。放任動詞 laisser を代名動詞の形〈se laisser＋不定法〉「～されるに任せる」で用いたこの一文を能動態にしたのが答えの文 Il l’a (　　　) dans une (　　　). です。したがって、1 つ目の空欄には enveloppé、2 つ目の空欄には serviette が入ります。ここでも構文を変える必要があるため、とくに 1 つ目の空欄については受験者は苦戦を強いられたようです。無回答の答案が 2 割ほどあったほか、*laissé*、*embarqué*、*précipité*、*sauvé*、*mis*、*couvert* などじつに多様な誤答が認められたほか、やはり *envelopé* とつづりミスをおかした答案が一定数あったのは残念です。2 つ目の空欄については *voiture* とした答案が 2 割ほどありました。得点率は順に 15%、48%でした。

(4)「車のなかで、オオカミはどうしていたか」という質問です。Gilles の 4 つ目の発言に [...] il était calme et dormait sur mes genoux「それ（＝動物）は静かにしており、私のひざのうえで眠っていました」とあります。この一節を活用し、mes genoux「私のひざ」を 3 人称の語りに合わせて les genoux de Gilles としましょう。したがって 1 つ目の空欄には dormait、2 つ目の空欄には genoux が入ります。1 つ目の空欄については、*dorme*（接続法現在？）、*dormi*（過去分詞）、*dort*（過去のことを尋ねているのに直説法現在形はおかしい）、*a laissé*（空欄に 1 語入れるという問題指示文にしたがっていません）、*restait*、*calme*（形容詞です）などといった誤答が見うけられました。2 つ目の空欄については、*geneux*、*genous*、*gênoux*、*jeneux*、*jenoux* など「ひざ」と書こうとして正しくつづれなかった答案がめだちました。「ひざ」という語がわからなかったのか、*jeunes* とした答案もかなりありました。ほかには *serviette(s)*、*bras*、*voitures* などとした答案も確認されました。得点率は順に 48%、21%でした。

(5)「Gilles はいつ自分のあやまちに気づいたか」という質問です。ここでは、Gilles の最後の発言 C’est seulement face au vétérinaire que j’ai appris, non sans surprise, que je venais de sauver un jeune loup d’environ un an.「ようやく獣医の前で、自分が約 1 歳の幼いオオカミを助けたのだと気づいて驚いた」が、正答をみちびく鍵になります。この強調構文のなかでも強調されている一節 face au vétérinaire「獣医の目の前で」を、指定されている答えの文 Lorsqu'il a (　　　) le (　　　). にふさわしく言いかえます。するとこの文では、動詞 voir を直説法複合過去にして用いればよいとわかるでしょう。したがって 1 つ目の空欄には vu、2 つ目の空欄には vétérinaire が入ります。1 つ目の空欄は consulté、rencontré としてもかまいません。face à（ここでは au）「～に直面して」を適切な動詞を用いて言いかえる必要のある 1 つ目の空欄は本問最大の難所だったようで、無回答の答案が 4 割ほどにのぼったほか、*sauvé*、*appris*、*trouvé*、*fait*、*pris*、*visité* とさまざまな動詞を用いた誤答が見うけられたほか、*face*（*facé* もあり）と対応するインタビューの一節をそのまま書き写した答案も認められました。2 つ目の空欄については、vétérinaire という語がなじみがなかったのか、無回答の答案がやはり全体の 4 割ほどを占めたほか、*loup*、*chien* などとした答案が確認されました。「獣医」という語を知っていたにもかかわらず、*véterinaire* とアクサンのつけ忘れで得点できなかった受験者が散見されたことも付記しておきたいと思います。得点率は順に 10%、15% でした。

聞き取り 1 全体の得点率は 34% でした。

解答　(1) (pris) (chien)　　(2) (traversant) (pont)
(3) (enveloppé) (serviette)　　(4) (dormait) (genoux)
(5) (vu) (vétérinaire)

2

（読まれるテキスト）

Je suis dentiste dans une ville entourée de montagnes. Le mois prochain, je prendrai ma retraite et je fermerai mon cabinet. Il n'y aura plus de dentiste dans cette ville. C'est dommage. Pourtant, j'ai employé tous les moyens pour ne pas mettre les habitants en difficulté. En fait, ça fait plus de six ans que je cherche un successeur. J'avais bon espoir d'en avoir un, étant donné que je laissais mon cabinet avec beaucoup d'appareils très récents. J'ai fait passer une annonce dans les journaux et aussi en ligne. On m'a fait plusieurs propositions, mais rien n'a abouti. Par exemple, j'ai eu un contact avec un Espagnol, très intéressé, mais n'ayant pas un niveau suffisant en français. Une autre candidate, qui était italienne, avait encore deux ans d'études à faire à l'hôpital. La troisième était une Japonaise qui travaillait déjà en France comme salariée dans un centre médical. Je lui ai proposé de l'aider à s'intégrer et nous avons discuté pendant deux ou trois mois, mais elle m'a finalement annoncé en septembre dernier qu'elle n'était pas prête à franchir le pas. La décision de fermer mon cabinet a été difficile à prendre et reste encore très douloureuse. Il y a des clients qui pleurent, qui m'offrent des fleurs, qui sont perdus et qui me demandent où ils vont aller. Je suis triste et je me fais du souci pour eux.

(読まれる内容について述べた文)

un : Vincent vient de prendre sa retraite.

deux : Vincent est le seul dentiste de sa ville.

trois : Vincent a essayé de trouver un successeur pendant plus de six ans.

quatre : Les appareils du cabinet de Vincent ne sont pas des plus nouveaux.

cinq : Vincent n'a pas fait passer d'annonce sur Internet.

six : Il y a eu plusieurs propositions pour reprendre le cabinet de Vincent.

sept : Vincent exige que son successeur ait un certain niveau de langue française.

huit : Vincent a fait une proposition d'aide à la candidate japonaise pour qu'elle s'intègre plus facilement.

neuf : Vincent hésite encore à fermer son cabinet de dentiste.

dix : Vincent se préoccupe de ses clients.

解説 ある程度の長さの文章と、その内容について述べた設問文を聞き取り、後者の内容が前者と一致するかどうか判断する問題です。今回の文章は、山間部の町で開業する歯科医が引退する際、後継者さがしに苦労したあげく、結局適任者をみつけられなかったという話です。

(1) 「Vincent は引退したばかりだ」。本文第 2 番目の文前半には、Le mois prochain, je prendrai ma retraite [...]「私（= Vincent）は来月引退する」とありますので、設問文は本文の内容と一致しません。近接過去と近接未来をとりちがえたのか、できはあまりかんばしくなく、得点率は 62%でした。

(2) 「Vincent は町でたったひとりの歯科医だ」。本文第 2 番目の文後半から第 3 番目の文にかけて [...] je fermerai mon cabinet. Il n'y aura plus de dentiste dans cette ville.「私（= Vincent）は診療所を閉めるつもりだ。この町には歯科医がひとりもいなくなるだろう」とありますので、設問文は本文の内容と一致します。得点率は 90%でした。

(3) 「Vincent は 6 年以上もの間後継者をさがそうとした」。この設問文は本文第 6 番目の文と一致します。得点率は 93%でした。

(4) 「Vincent の診療所の機器は最新のものではない」。本文第 7 番目の文には、J'avais bon espoir d'en avoir un, étant donné que je laissais mon cabinet avec beaucoup d'appareils très récents.「ごく最新の機器とともに診療所を手放すのだから、後継者をみつけられるだろうという見込みがあった」とありますから、設問文は本文の内容と一致しません。得点率は 71%でした。

(5) 本文第8番目の文には、J'ai fait passer une annonce dans les journaux et aussi en ligne.「私（= Vincent）は新聞やインターネットに広告をのせた」とありますので、「Vincent はインターネットに広告をのせなかった」とする設問文は本文の内容と一致しません。得点率は84％でした。

(6) 本文第9番目の文には On m'a fait plusieurs propositions, mais rien n'a abouti.「いくつもの申し出があったが、いずれもうまくいかなかった」とありますので、「Vincent の診療所を引き継ぐという申し出はいくつもあった」とする設問文は本文の内容と一致します。得点率は88％でした。

(7)「Vincent は後継者が一定水準のフランス語力を有することを求めている」。本文第10番目の文には [...] j'ai eu un contact avec un Espagnol, très intéressé, mais n'ayant pas un niveau suffisant en français「あるスペイン人とコンタクトをとったが、彼は大変関心をもっていたものの十分な水準のフランス語力を有していなかった」とありますので、設問文は本文の内容と一致します。得点率は70％でした。

(8)「Vincent は日本人の志願者がとけ込みやすくするように、手助けすると申し出た」とする設問文は、本文第13番目の文前半と一致します。本文では Je lui ai proposé de l'aider [...] と動詞を用いて表わされていたことが、設問文では une proposition d'aide と名詞で言いかえられていたせいか、得点率はあまりふるわず、60％でした。

(9)「Vincent はいまだに歯科診療所を閉めるべきか迷っている」。本文第14番目の文には La décision de fermer mon cabinet a été difficile à prendre et reste encore très douloureuse.「歯科診療所を閉めるという決定を下すのは困難なことであったし、いまだにとても辛いことだ」とあり、苦渋の決断であったとはいえ、診療所をたたむという決定を下していることがわかります。したがって設問文は本文の内容と一致しません。difficile という語にとらわれると、Vincent はまだ迷っているのではないかと思ってしまうかもしれません。しかし、ここでは診療所を閉めるという決定を下すことのむずかしさが直説法複合過去で語られていることに留意する必要があります。複合過去は過去の完了した出来事を語るために用いる時制であることをふまえると、決定はすでになされたものであることがはっきりします。本問でもっともできが悪く、得点率は40％でした。

(10) 「Vincentは自分の患者のことを心配している」。本文第15、16番目の文にはIl y a des clients qui pleurent, qui m’offrent des fleurs, qui sont perdus et qui me demandent où ils vont aller. Je suis triste et je me fais du souci pour eux.「患者のなかには、泣く人、花をくれる人、途方にくれる人、どこに行けばよいのかと尋ねる人がいた。私は悲しく思い、彼らのことを心配している」とありますので、設問文は本文の内容と一致します。得点率は74％でした。

聞き取り 2 全体の得点率は73％でした。

解答 (1) ② (2) ① (3) ① (4) ② (5) ②
(6) ① (7) ① (8) ① (9) ② (10) ①

1次試験配点表

筆記試験	1	2	3	4	5	6	7	8	小計	書き取り	小計	聞き取り	1	2	小計	計
	10点	5	5	10	5	16	15	14	80		20		10	10	20	120

2 次 試 験

解 説

2次試験の問題はすべて **A**、**B** 2つのテーマからなり、どちらか1つを選択します。**A** は政治や経済、社会などに関する時事的な話題、**B** はより日常的、一般的な話題を扱ったものです。今回出題されたテーマは以下の組み合わせでした。どの組み合わせが受験生に手渡されるのかは、試験直前までわかりません。

【日本】

1. **A)** 消費税の引き上げは、あなたの生活様式を変えましたか。
   B) 一部のスポーツ競技において、日本チームは世界中からやって来たプレーヤーから構成されることが時折あります。これについてどう思いますか。

2. **A)** 日本政府は（労働法による）定年退職年齢を70歳に引き上げることを検討しています。これについてどのように考えますか。
   B)「観光過多」の悪影響を非難する観光地の住民が次第にふえています。これについてどう思いますか。

3. **A)** 毎年日本政府が開催する「桜を見る会」にまつわる政治的スキャンダルについてどのように考えますか。
   B) コンビニエンス・ストアの営業時間は短縮すべきでしょうか。

【パリ】

1. **A)** フランスではヴェールの着用がたえず論争の的となっています。これについてどう思いますか。
   B) 街での電動キックボードの使用に賛成ですか、反対ですか。

2. **A)**「フライグスカム」—— 環境への配慮から飛行機に乗ることを恥とすること —— という概念は日本で広まるでしょうか。

B) 女性に職場でのハイヒールの着用が義務づけられることがいまだによくあります。これについてどう思いますか。

3. **A)** 日本在住の 6 歳から 15 歳の外国籍の子どものうち、5 人に 1 人が就学していません。これについてどう思いますか。
B) サーカスにおける動物の出演は禁止すべきものでしょうか。

受験者は、面接の 3 分前に 1. ～ 3. のいずれかのテーマが書かれた紙を渡され、面接が始まるまでに **A**、**B** いずれかを選んでそのテーマについての考えをまとめておきます。入室後、面接委員（通常、フランス人と日本人の計 2 人）が氏名などに関してフランス語で簡単な質問をしますので、フランス語で答えてください。その後、選んだテーマについて 3 分間の exposé をおこない、つづいて、それに対する質疑応答が面接委員との間でおこなわれます（全体で約 7 分）。

面接委員による総合評価は以下の 3 点を軸にすえておこなわれます。

⑴ 受験者の exposé の内容と構成、議論の展開における論理性、適切な具体例の提示による説得力。
⑵ 面接委員からの意見や反論に的確に答え、自分の意見を展開できるインターラクティブなコミュニケーション能力。
⑶ 受験者のフランス語の質（発音、文法、語彙力、表現力など）。

全体の傾向として、3 分間の exposé において、現在社会で起こっている出来事についての知識をふまえ、多面的にあたえられた問題について検討し、有機的に議論を展開することを苦手とする受験者が多いことがあげられます。たとえば、1. の **A** の消費税引き上げについての問題であれば、「家計を圧迫してよくない」といった否定的な点の説明に終始する受験者が少なくありません。しかし、こうした問題を取り上げるにあたっては、税金の社会的役割や重要性にも目を向け、なぜ今回消費税の引き上げにいたったのか、また現行の税制度に問題があるならばどのような税制度が理想といえるかという点にもふれてほしいところです。同様に、2. の **A** の定年退職年齢の引き上げ問題であれば、日本の高齢化率は現在、世界最高を記録していることや日本の年金制度のかかえる問題点にも言及すべきでしょう。働き方と生きがいについての考察を入れてみるのも一案です。フランスの学校教育にはディセルタシオンの伝統があります。これはあたえられた問題について、まず賛成の立場をとる人の論拠、次に反対の立場をとる人の論拠を示したうえで、最後にそれらを総合して自分の考えを述べるというものです。こうした訓練を受けてきたフランス人面接委員にとって、物事のある1つの側面にしか目を向けられていない口頭論述はものたりないという印象をあたえるようです。

せっかくフランス語を学んでいるのですから、日本とフランス（語圏の国々）の現状を比べてみることも口頭発表の内容を充実させるのに有効な手段だと考えられます。たとえば、1. の **A** についてはフランスの税制（付加価値税制度など）と日本の税制を比較することも可能でしょうし、2. の **A** であれば、2019年末以来、年金制度改革に反対する激しいデモ活動がフランスで展開されていることについて考えを述べることもできたのではないかと思います。こうした日仏比較の要素をおりまぜれば、exposé のあとのフランス人委員との質疑応答も活発なものとなるでしょう。

このように内容のある発表を準備するには、日ごろから新聞や雑誌で議論されている問題に意識を向け、そこで用いられている語彙や表現をメモするなどして積極的に覚えていくことが求められます。フランスのメディアでも日本の社会問題はしばしば取り上げられますから、日本で議論されていることとのちがいを比べてみるのも、相対的視野からさまざまな問題について考える習慣を身につけるきっかけとなるでしょう。また、時事的テクストを読み込む作業は、さらに準1級対策から発展して、1級の語彙問題（筆記4）に対応する力を身につけるのにも役立ちます。

3分間で自分の意見を述べるというのは日本語でも骨の折れることです。過去に出題されたテーマや実際に出題されそうなテーマについて、どのような議論が展開できそうかフランス語で文章にまとめてみることもよい訓練になるでしょう。なお、『仏検公式ガイドブック　セレクション　準1級』に複数年の過去問をそろえました（2020年秋刊行予定）。たくさんの問題に取り組み、しっかり対策を練ることによって、自信をもって試験にのぞめます。『セレクション』もぜひ参照してください。

学校別受験者数一覧

2019 年度春季　＜大学・短大別出願状況＞

出願者数合計が 10 名以上の学校を抜粋しました（50 音順）。

	学　校　名	合計		学　校　名	合計		学　校　名	合計
団体	愛知県立大学	39	団体	神戸大学	14	団体	獨協大学	65
	愛知大学	36	団体	國學院大學	12	団体	富山大学	24
団体	青山学院大学	78	団体	国際教養大学	38	団体	長崎外国語大学	65
団体	跡見学園女子大学	23	団体	駒澤大学	13		長崎大学	22
団体	茨城キリスト教大学	11		首都大学東京	28	団体	名古屋外国語大学	37
	岩手大学	15	団体	順天堂大学	11		名古屋学院大学	10
団体	宇都宮大学	10	団体	上智大学	85		名古屋大学	10
団体	大阪大学	64	団体	昭和女子大学	23	団体	奈良女子大学	13
	岡山大学	13	団体	白百合女子大学	94	団体	南山大学	42
団体	沖縄国際大学	11	団体	信州大学	10		新潟大学	19
団体	お茶の水女子大学	36	団体	椙山女学園大学	21		日本女子大学	17
	香川大学	16	団体	成城大学	62	団体	日本大学	79
団体	学習院大学	55	団体	聖心女子大学	17	団体	広島大学	12
団体	鹿児島純心女子短期大学	12	団体	西南学院大学	31	団体	フェリス女学院大学	25
団体	鹿児島大学	47	団体	創価大学	16	団体	福岡大学	28
団体	神奈川大学	13		大東文化大学	26	団体	法政大学	47
団体	金沢大学	26	団体	拓殖大学	90		松山大学	11
	関西大学	42	団体	千葉大学	60	団体	武庫川女子大学	41
	関西学院大学	72	団体	中央大学	91	団体	武蔵大学	46
団体	九州大学	12		中京大学	23	団体	武蔵野美術大学	33
団体	京都外国語大学	73		筑波大学	11	団体	明治学院大学	63
団体	京都産業大学	75		津田塾大学	22	団体	明治大学	150
団体	京都女子大学	13	団体	東海大学	39		名城大学	19
団体	京都大学	29		東京外国語大学	13	団体	桃山学院大学	11
団体	共立女子大学	22		東京大学	67	団体	山形大学	92
団体	金城学院大学	51		同志社大学	24	団体	立教大学	74
団体	群馬県立女子大学	18	団体	東北学院大学	13	団体	立命館大学	61
団体	慶應義塾大学	248		東北大学	57	団体	龍谷大学	12
団体	甲南大学	13		東洋大学	36	団体	早稲田大学	104

2019 年度春季　＜小・中・高校・専門学校別出願状況＞

出願者数合計が 5 名以上の学校を抜粋しました（50 音順）。

	学　校　名	合計		学　校　名	合計		学　校　名	合計
団体	アサンプション国際中学校・高等学校	15	団体	暁星中学・高等学校	29	団体	大阪府立千里高等学校	8
団体	埼玉県立伊奈学園総合高等学校	46	団体	啓明学園中学校・高等学校	12	団体	東京女子学院中学校高等学校	6
団体	大妻中野中学校・高等学校	53	団体	神戸海星女子学院中学・高等学校	11	団体	日本外国語専門学校	25
	学習院女子中・高等科	13	団体	兵庫県立国際高等学校	5	団体	福島県立福島南高等学校	25
	埼玉県立春日部女子高等学校	5	団体	岩手県立不来方高等学校	8	団体	雙葉中学校・高等学校	8
団体	カリタス女子中学高等学校	145	団体	白百合学園中学高等学校	81	団体	神奈川県立横浜国際高等学校	38
	神田外語学院	9	団体	聖ウルスラ学院英智高等学校	61	団体	立命館宇治中学校・高等学校	32
	暁星国際小学校	10	団体	聖ドミニコ学園中学高等学校	20	団体	早稲田大学高等学院	12

2019年度秋季　＜大学・短大別出願状況＞

出願者数合計が10名以上の学校を抜粋しました（50音順）。

	学校名	合計		学校名	合計		学校名	合計
団体	愛知県立大学	55	団体	国際教養大学	31	団体	富山大学	19
	愛知大学	22	団体	駒澤大学	19	団体	長崎外国語大学	28
団体	青山学院大学	156		島根大学	18		長崎大学	21
団体	秋田大学	13		首都大学東京	16	団体	名古屋外国語大学	74
団体	亜細亜大学	130	団体	順天堂大学	91		名古屋学院大学	16
団体	跡見学園女子大学	34	団体	上智大学	109	団体	奈良女子大学	16
団体	茨城キリスト教大学	70	団体	昭和女子大学	20	団体	南山大学	79
	岩手大学	19	団体	白百合女子大学	124		新潟大学	30
団体	宇都宮大学	21	団体	信州大学	16		日本女子大学	38
団体	愛媛大学	11	団体	椙山女学園大学	31	団体	日本大学	216
団体	大阪教育大学	24	団体	成城大学	162	団体	広島修道大学	13
団体	大阪大学	116	団体	聖心女子大学	32		広島市立大学	12
団体	大妻女子大学	13	団体	西南学院大学	44	団体	広島大学	14
	岡山大学	13		専修大学	17	団体	フェリス女学院大学	27
団体	沖縄国際大学	12		大東文化大学	12	団体	福岡大学	63
	小樽商科大学	13	団体	拓殖大学	246		文教大学	21
団体	お茶の水女子大学	40	団体	千葉大学	35	団体	法政大学	64
団体	学習院大学	175	団体	中央大学	92		北星学園大学	14
団体	鹿児島純心女子短期大学	12		中京大学	27		北海道大学	20
団体	神奈川大学	11		筑波大学	22		松山大学	17
団体	金沢大学	36		津田塾大学	33	団体	武庫川女子大学	243
	関西大学	53	団体	帝京大学	23	団体	武蔵大学	59
	関西学院大学	78	団体	東海大学	68	団体	武蔵野大学	13
団体	神田外語大学	10		東京外国語大学	22	団体	武蔵野美術大学	28
団体	九州大学	49		東京藝術大学	10	団体	明治学院大学	79
団体	京都外国語大学	85		東京大学	50	団体	明治大学	252
団体	京都産業大学	74		東京理科大学	14		名城大学	26
団体	京都女子大学	20	団体	同志社女子大学	11	団体	桃山学院大学	18
団体	京都大学	23		同志社大学	37	団体	山形大学	71
団体	共立女子大学	46	団体	東北学院大学	18		横浜国立大学	27
	近畿大学	24		東北大学	125	団体	立教大学	214
団体	金城学院大学	72	団体	東洋英和女学院大学	20	団体	立命館大学	81
団体	慶應義塾大学	443		東洋大学	93	団体	龍谷大学	10
団体	甲南大学	25		徳島大学	13	団体	早稲田大学	192
	神戸女学院大学	21	団体	常葉大学	42			
団体	神戸大学	20	団体	獨協大学	76			

2019年度秋季　＜小・中・高校・専門学校別出願状況＞

出願者数合計が5名以上の学校を抜粋しました（50音順）。

	学校名	合計		学校名	合計		学校名	合計
団体	アサンプション国際中学校・高等学校	17	団体	暁星中学・高等学校	27	団体	東京女子学院中学校高等学校	7
団体	埼玉県立伊奈学園総合高等学校	34	団体	慶應義塾高等学校	8	団体	同志社国際中学校・高等学校	5
団体	東京都立桜修館中等教育学校	5		慶應義塾女子高等学校	5	団体	日本外国語専門学校	37
団体	大妻中野中学校・高等学校	123	団体	神戸海星女子学院中学・高等学校	49		日本女子大学附属中学校・高等学校	5
団体	小林聖心女子学院高等学校	6		神戸国際中学校・高等学校	5	団体	東京都立日比谷高等学校	16
	学習院女子中・高等科	12		埼玉県立越谷南高等学校	5	団体	雙葉中学校・高等学校	12
	埼玉県立春日部女子高等学校	5	団体	岩手県立不来方高等学校	5	団体	東京都立三田高等学校	12
団体	神奈川県立神奈川総合高等学校	5	団体	大阪市立咲くやこの花高等学校	6	団体	武蔵高等学校	5
団体	カリタス小学校	45	団体	湘南白百合学園中学・高等学校	12	団体	明治大学付属中野八王子中学校・高等学校	5
団体	カリタス女子中学高等学校	93	団体	白百合学園中学高等学校	196	団体	神奈川県立横浜国際高等学校	18
	神田外語学院	17	団体	聖ウルスラ学院英智高等学校	46	団体	早稲田大学高等学院	142
団体	東京都立北園高等学校	17	団体	聖ドミニコ学園中学高等学校	31			

文部科学省後援

実用フランス語技能検定試験

2020 年度版 1 級・準 1 級

仏検公式ガイドブック

（CD 付）

定価（本体 2,400 円＋税）

2020 年 4 月10日 発行

編　者
発 行 者　公益財団法人　フランス語教育振興協会

発行所　公益財団法人　**フランス語教育振興協会**

〒102-0073 東京都千代田区九段北 1-8-1 九段101ビル 6F
電話（03）3230-1603　FAX（03）3239-3157
http://www.apefdapf.org

発売所　（株）**駿　河　台　出　版　社**

〒101-0062 東京都千代田区神田駿河台 3-7
振替口座 00190-3-56669番
電話（03）3291-1676（代） FAX（03）3291-1675
http://www.e-surugadai.com

ISBN978-4-411-90291-7　C0085　￥2400E